Vegane Superfoods

DK 4363 LL

Vegane Superfoods

Surdham Göb

AT Verlag

AT Verlag, Aarau und München
Fotos: Oliver Brachat, www.oliverbrachat.com
Assistenz und Organisation: Steffi Neff
Making-of-Video: Martin Gentschow
Icons: Nina Himmler, München
Lektorat Rezepte: Regina Rautenberg, Nützen
Bildaufbereitung: Vogt-Schild Druck, Derendingen
Druck und Bindearbeiten: Offizin Andersen Nexö, Leipzig
Printed in Germany

ISBN 978-3-03800-762-3

www.at-verlag.ch

Inhalt

Für Julia

Dieses Buch ist für meine Frau, Julia Maria Michel, die ich immer in meinem Herzen tragen werde. Danke dir für das Geschenk, lieben zu dürfen und geliebt zu werden. Dein Herz, deine Schönheit, deine Intuition und deine Weisheit begleiten mich jeden Tag in meinem Leben. In Freiheit zu lieben ist das größte Geschenk, das du mir machen konntest.

Dein Mut, das Leben in vollen Zügen zu leben, ohne der Angst die Oberhand zu lassen, inspiriert mich bei jedem Schritt, den ich zu gehen habe.

Vorwort

In diesem, meinem zweiten Buch möchte ich den Fächer etwas weiter spannen und einige neue wunderbare Zutaten vorstellen, die diese Erde hervorbringt. Die Vielfalt unseres Planeten, mit den Menschen, Tieren und Pflanzen, die auf ihm leben und all den schönen Früchten, die er hervorbringt und die es nur noch zu ernten und zuzubereiten gilt, sind für mich stets von Neuem ein Wunder und eine Bereicherung unseres Daseins.

Mit den Superfoods habe ich eine neue Kraftquelle und eine für mich neue Kochart des »Nicht-Kochens« gefunden. So enthält dieses Buch auch eine größere Anzahl roher Gerichte, die nicht nur ohne Kochen, sondern auch ohne teure Mixer und weitere kostspielige Gerätschaften ganz einfach umzusetzen sind und dennoch wunderbar und ungewöhnlich schmecken. Trotz aller Neuerungen bleibt es »meine vegane Küche« – so wie ich es liebe zu kochen und zu essen. Einfach, einfühlsam und mit Herz.

Warum Superfoods? Ganz einfach, weil Gojibeeren, Algen, Rohkakao, Camu-Camu und all die anderen wunderbaren Zutaten neben viel Geschmack eine außerordentlich hohe Konzentration an wertvollen Inhaltsstoffen besitzen, die ausgewogen, ganzheitlich und oft heilkräftig auf den Organismus wirken. Diese Superfoods sind übrigens keine neuzeitliche Erfindung, sie haben in ihren Herkunftsländern eine lange Tradition, werden geschätzt und teilweise sogar als Medizin benutzt. Einige Superfoods kommen auch in Form praktischer Pülverchen zum Einsatz; mit ihnen lassen sich ganz easy wunderbare (rohe) Desserts und Drinks und besonders nährstoffreiche, vielfältige Gerichte zubereiten. Für mich war der gesundheitliche Aspekt des Essens von jeher vorrangig, obwohl ich es nicht ausdrücklich sage, sondern meine Botschaft lieber durch Genuss, Freude und Energie zu vermitteln versuche.

Es liegt mir daran, euch Essen zu zeigen das mich bereichert und begeistert. Ich wünsche mir, dass ich diese Begeisterung und die Leidenschaft, die ich für das Leben empfinde, über das mir zur Verfügung stehende Medium, das Kochen, weitergeben kann und dass wir alle in Freude und Freiheit leben.

Längere Wartezeit (Einweichen, Quellen, Ziehenlassen usw.) über Nacht bzw. Vorbereitung am Vortag.

Kurze Koch- und Zubereitungszeit (von 5 bis 20 Minuten); zusätzliche Wartezeiten können auftreten, wenn etwas im Kühlschrank zwischengelagert werden muss.

Mittlere Koch- und Zubereitungszeit (von 20 bis 35 Minuten).

Etwas längere Koch- und Zubereitungszeit (von 35 bis 50 Minuten).

Aufwendigere Rezepte von 1 Stunde und mehr.

Wenn gewünscht, kann das Rezept voll nach Rohkostrichtlinien zubereitet werden, also ohne Erhitzen über 42 Grad Celsius. Bei Zutaten wie Agavendicksaft und Cashewkernen gibt es erhebliche Qualitätsunterschiede; je nach Produkt können sie auch bei höheren Temperaturen hergestellt worden sein.

glutenfrei

zuckerfrei

(Ausnahmen sind beim jeweiligen Icon in Klammern angegeben.)

Sämtliche Zutaten sind auch bei uns gut erhältlich, einige davon im Biofachhandel, Reformhaus oder über spezielle Internetanbieter (siehe Seite 195). Viele der Zutaten lassen sich auch gut variieren oder ersetzen; sie sollen als Inspiration dienen und zu eigenen Kreationen anregen. Spielt, lehnt euch aus dem Fenster – draußen ist es noch viel schöner ...

Über die Entstehung dieses Buches

Es war ein Abenteuer, dieses Buch zu machen. Wir haben es in Bali, meiner zweiten Heimat, produziert und hatten dabei viele Schwierigkeiten zu bewältigen: explodierende Öfen und brennende Gasleitungen, sengende Hitze und tropische Regengüsse, Kommunikationskauderwelsch beim Einkaufen auf dem Wochenmarkt, platte Reifen und leere Tanks. Die Requisiten für die Fotoaufnahmen fanden wir zum Teil auf Baustellen und fuhren sie dann, einhändig fahrend, auf dem Motorrad in das Haus meiner Mutter, wo gekocht und fotografiert wurde. Zum Teil brachten wir die Gerichte auch an den Strand, um eine neue Kulisse, ein anderes Licht, eine neue Inspiration zu haben. Dabei trafen wir auf höchst interessierte Balinesen, die sich wunderten, was denn diese »Bulés« mit ihren Kameras und den »Tempeh Roti« (Tempeh-Sandwiches) am Strand machten. Die Buchproduktion führte zu vielen Begegnungen mit interessanten Menschen, wir haben neue Welten und Plätze erkundet und sind mit offenen Augen über die grüne Insel im Indischen Ozean gefahren. Ich durfte meine Frau dabei haben, die mir in der Küche beistand und tatkräftig mitgeholfen hat. Die Arbeit mit Oliver, dem Fotografen, hat viel Spaß gemacht; mit seiner Faszination für das Fotografieren und für leckeres Essen hat er immer wieder neue Anstöße gegeben, einmal etwas neu zu probieren, etwas anders zu machen und einfach das Beste herauszuholen.

Unsere Mittel waren einfach und spartanisch: ein Herd, ein sehr kleiner Ofen, ein paar Messer und viel Improvisation. Und doch haben wir es geschafft: mit der Hilfe der Assistenten Steffi und Martin, meiner Mutter Sandeh, die alles, was ich kochte, kritisch (und positiv!) beurteilte, dem lustigen Franz, der zum Essen kam, sich vegan den Bauch vollschlug und immer wieder neue Untergründe für die Fotos beschaffte, meiner Frau Julia, die mit ihren flinken Fingern gerne von all dem naschte, was noch nicht fotografiert war, meiner Schwester Nirava, die im Vorfeld bei den Vorarbeiten für die Kochbuchproduktion mithalf. Der nette Nachbar Rakka lieh uns Teller und Requisiten und versorgte uns mit Obst aus seinem Garten. Und zu guter Letzt ist das großartige Team des AT Verlags zu erwähnen, die uns das Vertrauen gegeben haben, etwas zu tun, was heutzutage nur noch selten gemacht wird: Arbeit als Abenteuer zu erleben und dabei etwas zu machen, was einmalig ist und nicht wiederholt werden kann. Ein großes Zugeständnis der tollen Schweizer und Münchner Verlagsfreunde, die sie mittlerweile geworden sind.

Es war eine Freude, in Bali zu sein, und wir haben alle dabei etwas in unseren Herzen und Gedanken mitgenommen, das uns nicht mehr genommen werden kann. Solche Abenteuer sind wundervoll, genau dafür gilt es zu leben. Neues kennenlernen, die Komfortzone verlassen und mit einfachsten Mitteln etwas Großartiges schaffen.

Ich wünsche euch viel Spaß und Freude mit diesem Buch!

Euer Surdham

Mehr zur Erstehung des Buches und über Surdhams Kitchen:
www.surdhamskitchen.com, http://youtu.be/Z3YoSsmpYXA sowie www.martingentschow.de

Frühstück

Tropischer Obstsalat

Für 4 Personen

4 Apfelbananen
2 Mandarinen
8 Rambutans
2 Pitahayas (Drachenfrucht)
2 Schlangenfrüchte (Salak)
2 Mangostan
1 kleine Papaya
1 Passionsfrucht

Die Bananen schälen und in Scheiben schneiden. Die Mandarinen schälen und in die einzelnen Segmente teilen; eventuell vorhandene Kerne mit einem Messer entfernen. Die Schale der Rambutan mit einem Messer anritzen und abschälen. Die Frucht halbieren und den Kern herauslösen. Die Pitahayas schälen und das Fruchtfleisch in mundgerechte Stücke schneiden. Die Schale der Schlangenfrucht knacken und abziehen, die Segmente voneinander lösen und aus dem größten Segment mit einem Messer den Kern herausheben. Von den Mangostan den Stielansatz abbrechen und die harte, lederne Schale sowie die weißen Fasern entfernen. Die einzelnen Fruchtsegmente herausnehmen. Die Papaya halbieren, entkernen, schälen und das Fruchtfleisch in Stücke schneiden. Die Passionsfrucht halbieren und das Fruchtfleisch herauslöffeln. Alle Zutaten mischen und anrichten. Ein Supersonntagsbrunch-obstsalat.

Tipps: *Apfelbananen* sind circa 10 cm lange, dicke Bananen mit leicht säuerlichem, entfernt an Apfel erinnerndem Geschmack. *Rambutan* ähneln in Aussehen und Geschmack Litschis, besitzen aber lange, dichte Borsten. *Pitahaya* ist eine Kaktusfrucht mit leuchtend pinkfarbener (manchmal auch gelber), leicht wulstiger Schale und geleeartigem weißem Fruchtfleisch, das unzählige kleine schwarze essbare Samen enthält. Man kann die Frucht einfach halbieren und auslöffeln, aber auch gut schälen.
Schlangenfrucht ist die kleine birnenförmige Frucht der Salakpalme; sie besitzt eine schlangenähnlich geschuppte Haut und festes, süßsäuerliches Fruchtfleisch. *Mangostan* verbergen unter ihrer dicken, rotbraunen, ledrigen Schale ein in Segmente geteiltes weißes Fruchtfleisch von einzigartig delikatem Geschmack. Unbedingt probieren! Reife Mangostan erkennt man daran, dass beim Druck auf die Schale ein leichtes Knacken zu hören ist und sie nachgibt; sie darf aber nicht ganz weich sein, sonst ist sie innen faul. Die im Fruchtfleisch sitzenden zwei bis drei großen schwarzen Kerne sind ebenfalls essbar; sie schmecken leicht bitter, aber auch knackig und nussig.
Bei *Papayas* erkennt man die Reife daran, dass die Schale nicht mehr grün, sondern überwiegend gelb-orange ist, bei Druck deutlich nachgibt und sich weich anfühlt; am besten schmecken sie, wenn sie fast schon überreif wirken. Die Kerne sind sehr gesund für Darm und Darmflora; sie schmecken schön pfeffrig und pikant, wodurch sie sich auch hervorragend in Salaten machen und püriert oder ganz verwendet werden können.

Als ich viele Wochen auf einer der kleineren Inseln auf Hawaii unter einem Tamarindenbaum lebte, gab es jeden Tag frische Tamarinde. Im Gebüsch wuchsen Erdbeerguaven und Passionsfrüchte, Orangen und Zitronen gab es sowieso überall. So konnte ich frühmorgens einfach im Vorübergehen frühstücken: Sternfrüchte, Acerola-Beeren, Pomelos, Kokosnüsse, Mountain apples und kleine Sunrise-Papayas – alles, was das Herz begehrte. Dieser einfache Obstsalat ist eine Erinnerung daran und zeigt die ganze wunderbare Vielfalt der exotischen Früchte.

Papayasalat

mit Bananenschaum und Cranberrys

Für 4 Personen

2 kleine Papayas
3 Bananen
½ TL Camu-Camu
2 EL Cranberrys

Die Papayas halbieren, entkernen, schälen und das Fruchtfleisch in grobe Würfel schneiden.
Die Bananen schälen, Camu-Camu zugeben und mit dem Pürierstab zu einem feinen Schaum aufschlagen. Den Bananenschaum in eine Servierschüssel geben, die Papayawürfel dazugeben und mit den Cranberrys garnieren.

Das absolute Indien-Ashram-Lieblingsfrühstück. Eine Papaya und Bananen, eine Zitrone und ein Beutel Rosinen. Alles am Straßenrand erhältlich, sauber, leicht, fein, schaumig, cremig. Pur und einfach. Die Ruhe der Menschen am frühen Morgen ist von einer besonderen Magie erfüllt. Mein »hindustan ko pyaar karta hun … I love my india«.

Crumble

mit Erdbeeren und Trauben

Für 4 Personen

Teig:
90 g pflanzliche Margarine (Alsan)
60 g Palmzucker
70 g gemahlene Mandeln
30 g Kokosflocken
100 g Buchweizenmehl
10 g Haferflocken
50 g ganze Mandelkerne

Fruchtsalat:
250 g blaue kernlose Trauben
200 g Erdbeeren
½ Orange
1 EL Palmzucker
500 ml Reismilch

Teig Den Backofen auf 140 Grad vorheizen. Margarine, Zucker, gemahlene Mandeln, Kokosflocken, Mehl und Haferflocken mit dem Rührgerät zu einem bröckeligen Teig verarbeiten. Noch ein bisschen länger rühren, damit der Teig besser zusammenhält. Den Teig auf ein mit Backpapier belegtes Blech krümeln und dabei gleichmäßig verteilen. Die ganzen Mandeln halbieren oder grob hacken und über den Crumble verteilen. Im vorgeheizten Ofen 20 Minuten backen. Herausnehmen und gut auskühlen lassen.

Fertigstellen Die Trauben von den Rispen zupfen und in heißem Wasser waschen, halbieren und in eine Schüssel geben. Die Erdbeeren waschen, putzen, halbieren und zu den Trauben geben. Die Orange auspressen und mit dem Zucker unter das Obst rühren. Zum Servieren den Crumble in eine Schüssel geben, den Obstsalat darauf anrichten und mit Reismilch aufgießen.

(siehe unten)

Gibt es etwas Schöneres, als den Tag mit einem grandiosen Frühstück zu beginnen? Ein Crunchy-Müsli, das einfach glücklich macht und lecker schmeckt – bio, vegan und gesund, dazu ohne Zucker und, wenn man die Haferflocken durch Hirseflocken oder Ähnliches ersetzt, auch ohne Gluten. Den Crumble kann man gut abgekühlt in einem luftdichten Behälter aufbewahren, damit am Morgen alles im Nu bereit ist.

Hirsefrühstück

mit Gojibeeren, Datteln und Obstsalat

Für 4 Personen

150 g Hirse
2 EL Rapsöl
4 Erdbeeren
10 rote Trauben
200 g Wassermelone
1 kleine Nashi-Birne
1 kleiner roter Apfel oder
1 Golden Delicious
1 Orange
15 g Gojibeeren
6 getrocknete Datteln
2 EL Chia-Samen
20 g Maulbeeren
600 ml Mandel- oder Sojamilch

Die Hirse gut waschen, abtropfen lassen und mit etwa 200 ml Wasser (nur gerade knapp bedeckt) bei geringer Hitze zugedeckt 10 Minuten kochen lassen. Vom Herd nehmen und weitere 10 Minuten quellen lassen. Den Deckel abnehmen. Das Öl zugeben mit einer Gabel auflockern.
Das Obst waschen und putzen. Die Erdbeeren halbieren. Die Trauben halbieren und entkernen. Die Wassermelone entkernen, die Schale entfernen und das Fruchtfleisch in grobe Stücke schneiden. Die Nashi-Birne und den Apfel vierteln, entkernen und in dünne Scheiben schneiden. Die Orange schälen, halbieren und in Scheiben schneiden. Alles zusammen zu einem Obstsalat mischen.
Die Gojibeeren in warmem Wasser kurz einweichen. Die Datteln fein schneiden. Chia-Samen, Datteln und Maulbeeren unter die Hirse heben. Die Gojibeeren abtropfen lassen und zu der Hirsemischung geben. Die Mandel- oder Sojamilch erhitzen, aufschäumen und über die Hirsemischung gießen. Den Obstsalat separat dazu reichen.

Dies war jahrelang mein Lieblingsfrühstück im »Tushita Teehaus« in München, das ich als Chefkoch mit aufgebaut hatte. Die Hirse ganz einfach im Reiskocher garen und dann wie im Rezept zubereiten. Ein solcher Brei am Morgen sorgt für eine warme und gleichmäßige Energie über den ganzen Tag verteilt.

Mango-Kiwi-Porridge

Für 4 Personen

Porridge:
100 g Haferflocken
3 Kardamomkapseln
1 Zimtstange
150 ml Reismilch

Mango-Kiwi-Obstsalat:
4 Kiwis
2 Mangos
Saft von ½ Orange
1 EL weißer Sesam
gemahlener Zimt

Die Haferflocken bei mittlerer Hitze 5 Minuten unter ständigem Rühren anrösten. Kardamom und Zimt dazugeben und mit 600 ml Wasser aufgießen. Einmal aufkochen lassen und dann bei kleiner Hitze 15 Minuten köcheln lassen.
Die Kardamomkapseln und die Zimtstange aus dem Brei entfernen. Die Reismilch zugießen, unterrühren und vom Herd nehmen.
Die Kiwis schälen und in kleine Würfel schneiden. Die Mangos schälen, das Fruchtfleisch vom Stein schneiden und ebenfalls würfeln. Kiwi und Mango mischen und den Orangensaft zugeben.
Den Sesam in einer trockenen Pfanne ohne Fettzugabe leicht anrösten, bis er zu knistern beginnt.
Den Obstsalat in Gläsern anrichten, den Porridge daraufgeben und mit Sesam und gemahlenem Zimt garnieren.

Porridge oder Haferschleim ist nicht unbedingt jedermanns Sache. Doch einer meiner besten Freunde und ein »Foody« durch und durch zeigte mir einmal, wie er die Haferflocken vor dem Kochen anröstet und dem Brei etwas mehr Zeit beim Kochen gab. Der Unterschied in der Konsistenz und durch den leichten Röstgeschmack war phänomenal.

Scones
mit Pflaumenkompott

Für 4 Personen

Teig:
260 g Weizenmehl (Type 550) oder Dinkelmehl (Type 630)
80 g Haferflocken
60 g Rohrohrzucker
100 g pflanzliche Margarine (Alsan)
160 g Sojasahne (Natumi Cresoy)
50 g Rosinen
1 gestrichener TL Natron

Pflaumenkompott:
2 reife rote Pflaumen
2 reife blaue Pflaumen
Saft von ½ Zitrone
¼ TL gemahlener Zimt
30 g Rohrohrzucker

Teig Den Backofen auf 200 Grad vorheizen. Mehl, Haferflocken und Zucker mischen. Die Margarine in kleinen Stücken und die Sojasahne dazugeben und mit einem Rührgerät zu einem festen Teig verarbeiten. Die Rosinen und das Natron dazugeben und noch einmal kurz durchkneten. Den Teig auf bemehlter Arbeitsfläche etwa 3 cm dick ausrollen und mit einem runden Ausstecher oder einem Glas von 8 cm Durchmesser Scones ausstechen. Den restlichen Teig wieder zusammenkneten, erneut ausrollen und ausstechen. So lange wiederholen, bis der Teig aufgebraucht ist. Die Scones auf einem mit Backpapier belegten Blech im vorgeheizten Backofen 12 Minuten goldbraun backen.

Pflaumenkompott Die Pflaumen waschen, halbieren, entsteinen und vierteln. In einem kleinen Topf die Früchte mit Zitronensaft, Zimt und Zucker bei mittlerer Hitze zugedeckt 5 Minuten garen.

Anrichten Die Pflaumen heiß in ein Schraubglas oder eine Schüssel geben und zu den Scones reichen.

Dieses Rezept ist für meine Mama, sie liebt Scones und Marmelade zum Frühstück, die allerdings in Bali nicht mehr so leicht verfügbar sind. Da wir dieses Buch in ihrem Haus in Bali produzieren durften, soll zumindest ihr Lieblingsfrühstück dabei sein. »Terimakasi banyak Ibu Sandeh« (vielen herzlichen Dank, Mama Sandeh)!

American Pancakes

Für etwa 30 Stück

250 ml Sojasahne (Natumi Cresoy)
3 EL Rohrohrzucker
40 g Maisstärke
40 g Buchweizenmehl
140 g Dinkelmehl (Type 630)
pflanzliche Margarine (Alsan) zum Ausbacken
Ahornsirup zum Servieren

Die Sojasahne in der Küchenmaschine steif schlagen.
Inzwischen Zucker, Maisstärke, Buchweizenmehl und Dinkelmehl miteinander vermischen. Die Hälfte der geschlagenen Sojasahne unter die Mehlmischung rühren, dann die zweite Hälfte der Sojasahne langsam unter den Teig heben, bis er schön luftig ist. Nicht zu lange rühren, sonst wird die Luft wieder aus dem Teig gerührt.
Aus dem Teig nach und nach etwa 30 kleine Pfannkuchen backen. Dafür jeweils etwas Margarine in einer beschichteten Pfanne erhitzen und den Teig portionsweise mit zwei Esslöffeln hineingeben. Von beiden Seiten jeweils etwa 2 Minuten goldbraun backen. So fortfahren, bis der Teig aufgebraucht ist. Mit Ahornsirup und etwas zerlassener Margarine servieren.

Zu einem richtigen amerikanischen Frühstück gehören fluffige kleine Superpfannkuchen mit Ahornsirup. Während meiner Zeit in Nordamerika arbeitete ich in San Francisco im wohl ältesten veganen Restaurant der Welt, dem »Millenium«. Eric Tucker, der Chefkoch, war ein wandelndes veganes Lexikon, der Dreh und Angelpunkt des Restaurants. Es war ein Genuss, bei ihm zu arbeiten. American Pancakes gab es bei ihm zwar nicht, aber dies soll meine Widmung an ihn sein.

Bananenpfannkuchen
mit Kokos-Snowballs

Für 8 Stück

Snowballs:
150 ml Kokosmilch
2 EL Rohrohrzucker
2 TL Johannisbrotkernmehl
1 Vanilleschote
100 g Kokosflocken
500 g Kokoschips

Pfannkuchen:
200 g Weizenmehl (Type 550)
550 ml Sojamilch Vanille (Natumi)
3 EL Rohrohrzucker oder nach Geschmack
1 Msp. Backpulver
2 Bananen
pflanzliche Margarine (Alsan) zum Ausbacken

Snowballs Die Kokosmilch mit Zucker und Johannisbrotkernmehl mischen. Die Vanilleschote längs aufschlitzen und das Mark in die Kokosmilch kratzen. Alles zu einer glatten Sauce pürieren. Die Kokosflocken und die Hälfte der Kokoschips in die Sauce geben und im Kühlschrank 1 bis 2 Stunden stehen lassen.
Sobald die Masse etwas fest geworden ist, mithilfe eines Esslöffels kleine Häufchen abstechen und in den restlichen Kokoschips wälzen. Auf eine mit Backpapier belegte Platte setzen und kalt stellen.

Pfannkuchen Mehl, Sojamilch, Zucker und Backpulver zu einem glatten Teig rühren. Den Teig 30 Minuten ruhen lassen.
Die Bananen schälen und längs in lange dünne Scheiben schneiden.
Aus dem Teig, einen nach dem anderen, 8 Pfannkuchen backen. Dafür etwas Margarine in einer beschichteten Pfanne erhitzen und den Teig portionsweise hineingeben. Jeweils einige Bananenscheiben daraufgeben und den Pfannkuchen etwa 2 Minuten goldbraun backen. Wenden und weitere 2–3 Minuten backen. So weiterverfahren, bis Teig und Bananen aufgebraucht sind.
Zum Servieren die Pfannkuchen mit einem Snowball auf einem Teller anrichten.

(Ruhezeit Snowballs 2 Std.)

Dieses Gericht verdankt sein Revival Jack Johnsons Hit »Banana Pancakes«. Dieser Song beschwört ein Gefühl von Wochenende, gegenseitiger Liebe und das Bedürfnis, das Schöne im Leben mit anderen Menschen zu teilen, die einem wichtig und nah sind. Ich liebe Banana Pancakes, und den Tag mit ihnen zu beginnen, ist einfach wunderbar. Mit dem »Snowball«, den man daraufstreicht, kommen noch ein bisschen mehr »Hawaii Aloha Vibes« in den Alltag.

Schwarzer Reispudding
mit Bananen

Für 4 Personen

100 g schwarzer Reis
2 EL Palmzucker

600 ml Kokosmilch
3 EL Rohrohrzucker
6 Bananen
3 EL Kokosraspeln

Den Reis gut waschen und über Nacht in kaltem Wasser einweichen. Am nächsten Tag den Reis abgießen, in einen Topf geben und 500 ml Wasser zugießen. Bei geringer Hitze etwa 1 Stunde köcheln lassen. Wenn der Reis gar ist, den Palmzucker einrühren und den Reis bei geschlossenem Deckel ruhen lassen.

Die Kokosmilch erhitzen und den Zucker zugeben. Die Bananen schälen und in Scheiben schneiden. Den Reis auf Frühstücksschalen verteilen, mit Kokosmilch aufgießen und mit Banane und Kokosflocken garnieren.

Dieser indonesische Frühstücksklassiker ist bei uns wenig bekannt. Bei meinem ersten Aufenthalt auf Bali vor vielen Jahren war es eines der ersten einheimischen Gerichte, die ich gegessen hatte, und seitdem bin ich süchtig danach.

Scrambled Tofu

mit Gemüse und Toastbrot

Für 4 Personen

Toast:
250 g Weizenmehl (Type 550)
1 EL (10 g) pflanzliche Margarine (Alsan)
¼ TL Salz
½ TL Rohrohrzucker
5 g frische Hefe

Belag:
200 g Seidentofu
20 g frische Kurkuma
6 braune Champignons (Egerlinge)
1 Zucchini
2 Tomaten
1 Bund glatte Petersilie
3 EL Olivenöl
Salz
1 EL Tamari

Toast Die Hefe in 165 ml lauwarmem Wasser auflösen. Mehl, Margarine, Salz und Zucker zu der Hefemischung geben und kräftig aufschlagen, bis keine Klümpchen mehr im Teig sind. Den Teig bei Zimmertemperatur abgedeckt mindestens 30 Minuten ruhen lassen. Danach noch einmal durchkneten und in eine gefettete Kastenform von 20 cm Länge geben. Abgedeckt weitere 30 Minuten gehen lassen. Den Backofen auf 240 Grad vorheizen und das gut aufgegangene Brot 25 Minuten goldbraun backen. Aus der Form nehmen und auf einem Kuchengitter auskühlen lassen.

Belag Den Seidentofu in ein feines Haarsieb geben und 30 Minuten gut abtropfen lassen. (Mit dem Tofu dabei behutsam umgehen, damit er nicht zu sehr zerbröselt. Er soll so viel Struktur wie möglich behalten.)
Kurkuma schälen und grob hacken. Die Champignons putzen, und in feine Scheiben schneiden. Die Zucchini putzen, waschen und in dünne Scheiben schneiden. Die Tomaten waschen und würfeln. Die Petersilie waschen und hacken.
In einer beschichteten Pfanne 1 EL Öl erhitzen und den Tofu darin anbraten. Mit Salz und Kurkuma würzen. Den Tofu dabei nicht rühren, sondern nur in der Pfanne schwenken.
In einer zweiten Pfanne das restliche Öl erhitzen und bei großer Hitze die Pilze anbraten. Die Zucchini dazugeben und kurz mitbraten. Die Tomatenwürfel zum Schluss zufügen. Tamari und Petersilie untermischen.

Zum Fertigstellen Das Brot aus der Form stürzen und in Scheiben schneiden. Das heiße Gemüse und den Tofu in einer großen, flachen Schale anrichten und das Toastbrot dazu reichen.

Für dieses Gericht muss Seidentofu verwendet werden; normaler fester Tofu wird zu krümelig. Genau das richtige Gericht, wenn es in der Früh etwas deftiger sein soll. Und noch besser, wenn dann auch noch Sonntag ist und man sich die Zeit nimmt, das Brot selbst zu machen. Das Toastbrotrezept ist pures Gold.

Drinks

Cashew-Shake

mit Schokoeiswürfeln

Für 4 Personen

Cashew-Shake:
110 g Cashewkerne
2 EL Lucuma
1 EL Maca
3 EL Maulbeeren
2 EL Agavendicksaft

Schokoeiswürfel:
1 Banane, geschält
3 EL rohes Kakaopulver
2 EL peruanischer Carob
2 EL Lucuma

Die Cashewkerne über Nacht in kaltem Wasser einweichen. Am folgenden Tag abgießen und mit 1 l Wasser im Mixer zu einer feinen Milch mixen.
Für die Schokoeiswürfel die Banane über Nacht in einem Gefrierbeutel einfrieren.

Schokoeiswürfel 200 ml der Cashewmilch mit den Zutaten für die Schokoeiswürfel pürieren und in einen Eiswürfelbehälter gießen. Im Gefrierfach 3–4 Stunden gefrieren.

Cashew-Shake Sind die Eiswürfel gefroren, die restliche Cashewmilch mit den übrigen Zutaten im Mixer schaumig schlagen. Einige Schokoeiswürfel in ein weites Longdrinkglas geben und mit dem Cashewshake aufgießen.

Schnell gemacht – ideal nach einem langen heißen Tag oder wenn man sich erschöpft und etwas leer fühlt. Für mich sind eingeweichte Cashewnüsse viel leichter zu verdauen als trockene; nach meinem Empfinden nimmt der Körper erst durch das Einweichen das Gute der Nuss wirklich auf.

Vanille-Kokosnuss-Shake

mit Zitronenblatt

Für 4 Gläser

800 ml Kokoswasser, gut gekühlt (aus der grünen Kokosnuss)
200 g Kokosnussfleisch, gewürfelt, oder Kokosmilch, gut gekühlt
4 EL Agavendicksaft
6 Kaffirlimettenblätter
2 Vanilleschoten, Mark ausgekratzt

Das Kokoswasser, das gewürfelte Kokosnussfleisch oder die Kokosmilch, den Agavendicksaft, die Kaffirlimettenblätter und das Mark der Vanilleschoten in den Mixer geben und kräftig aufschlagen. In hohe Gläser füllen und servieren.

Kokoswasser ist für mich ein Lebenselixier. Wenn ich in Ländern unterwegs bin, in denen es Trinkkokosnüsse gibt, kaufe ich mir eine Machete und besorge mir so viele der kostbaren Nüsse, wie ich nur irgendwie möglich auf mein Motorrad packen kann (mein Rekord liegt bei 15 Stück). Mittlerweile gibt es auch hier in Europa Kokosnusswasser-Drinks im praktischen Tetrapack. Dieser Drink ist eine Hymne auf den Süden, auf den Sommer und das Barfußlaufen. Life is precious.

Schoko-Avocado-Shake

Für 4 Gläser

50 g Kakaobutter
3 EL rohes Kakaopulver
2 EL peruanischer Carob
3 EL Agavendicksaft
50 ml Reismilch oder Nussmilch (für die rohe Variante)
½ TL Sojalecithin
3 reife Avocados
1 Schuss Zitronensaft
300 ml Reismilch
1 EL Lucuma
rohes Kakaopulver zum Bestäuben

Die Kakaobutter bei sehr geringer Hitze schmelzen. Kakaopulver, Carob, Agavendicksaft, Reismilch oder Nussmilch und Sojalecithin mit dem Pürierstab zu einer feinen dünnen Sauce verarbeiten.
Die Avocados halbieren, entsteinen und mit einem Löffel das Fruchtfleisch aus der Schale lösen. Mit den restlichen Zutaten in den Mixer geben und gut aufschlagen. Wer es lieber etwas flüssiger mag, gibt noch Reis- oder Nussmilch dazu.
Die Kakaosauce gleichmäßig auf vier Gläser verteilen. Über einen Löffel die Gläser mit dem Avocado-Shake auffüllen und mit Kakaopulver bestäuben. Nach Wunsch mit aufgespießten Avocadostücken garnieren.

Dieser Drink ist Nachtisch, Frühstück, Snack oder was man auch immer will zugleich. Die Früchte des Dschungels, Kakao und Avocado, vereint in einem Glas, und dazu eine Menge leckerer gesunder Zutaten. Ein Drink, der nach einem langen, anstrengenden Tag Power gibt.

Schoko-Bananen-Shake

Für 4 Gläser

Schoko-Bananen-Shake:
7 Bananen (ergibt ca. 500 g, geschält gewogen)
600 ml Reismilch
50 g Kakaobohnen
30 g peruanischer Carob
30 g rohes Kakaopulver
10 g Lucuma

Schokopralinchen:
25 g Kakaobutter
5 g Kokosfett
20 g Agavendicksaft
20 g Kakaopulver
5 g peruanischer Carob
Kakaopulver zum Wälzen

Schoko-Bananen-Shake Die Bananen schälen und in einem Gefrierbeutel über Nacht einfrieren. Am nächsten Tag die Bananen mit der Reismilch und allen anderen Zutaten im Mixer schaumig aufschlagen. In Whiskygläsern oder anderen eher flachen, weiten Gläsern servieren.

Schokopralinchen Die Kakaobutter in einem kleinen Topf bei sehr geringer Hitze schmelzen. Die restlichen Zutaten mit einem Schneebesen einrühren und 20 Minuten kalt stellen. Hat die Masse angezogen, kleine Kugeln daraus formen, kurz in Kakaopulver wälzen und zum Shake servieren.

In Kauai in einem Laden namens »Mango Mamas« genoss ich den besten Smoothie der Welt. Jack verriet mir die Zutaten des sagenumwobenen Smoothies: Sein Geheimnis sind gefrorene Bananen, die für den umwerfenden Geschmack verantwortlich sind. Hier meine Superfood-Variante, der absolute Schoko-Kick: Die rohe Schokolade macht wach und verleiht Energie – besser als jeder italienische Espresso. Vorsicht: Suchtgefahr!

Pitahaya-Shake

Für 4 Gläser

60 g Irisch Moos (Algen)
2 weiße Pitahayas
2 rote Pitahayas
2 TL Camu-Camu
200 ml Kokoswasser
8–12 Eiswürfel

Das Irisch Moos gut waschen und über Nacht in kaltem Wasser einweichen.
Am nächsten Tag nochmals gut waschen, säubern und abtropfen lassen.
Die weißen und roten Pitahayas halbieren und jeweils getrennt das Fruchtfleisch herauslösen.
Die Hälfte der Algen mit dem weißen Pitahaya-Fruchtfleisch, 1 Teelöffel Camu-Camu und 100 ml Kokoswasser im Mixer fein mixen und auf zwei Gläser verteilen.
Das Fruchtfleisch der roten Pitahayas mit den restlichen Algen, 1 Teelöffel Camu-Camu und 100 ml Kokoswasser mixen und ebenfalls in zwei Gläser geben. 1 Stunde kalt stellen. Mit Eiswürfeln servieren.

Die laotische Küche ist für mich die beste Küche Asiens, die ich kenne. Dort erlebte ich auch meine erste Drachenfruchtsaison: Zwei Kilo habe ich davon am Tag gegessen, ich war süchtig nach dem eigentlich unspektakulär schmeckenden Obst. Mit der Zeit merkt man jedoch die Feinheit dieser Frucht, die voll von Nährstoffen ist, nach denen der Körper dann verlangt.

Wassermelonen-Cashew-Shake

Für 4 Gläser

50 g Irisch Moos (Algen)
50 g rohe Cashewkerne
40 g Ingwer
½ Wassermelone

Das Irisch Moos gut waschen und über Nacht in kaltem Wasser im Kühlschrank quellen lassen. Die Cashewkerne ebenfalls über Nacht in kaltem Wasser einweichen. Am nächsten Tag das Irisch Moos nochmals gut waschen, säubern und gut abtropfen lassen.
Die Cashewkerne abspülen und abtropfen lassen. Die Schale des Ingwers mit einem Kaffeelöffel abschaben (das ist einfacher als das Schälen mit dem Messer) und mit einer feinen Reibe raspeln. Die gekühlte Wassermelone mit einem Messer bis auf das Fruchtfleisch schälen. In 2 cm dicke Scheiben schneiden, die Kerne mit einem Löffel herauskratzen und das Fruchtfleisch grob schneiden.
Irisch Moos, Cashewkerne, Ingwer und Wassermelonenfleisch in den Mixer geben und auf höchster Stufe zu einem zarten und doch pikanten Shake aufschlagen. Wichtig ist, lange genug zu mixen, sodass das Irisch Moos und die Cashews sich wirklich auflösen.
Den Shake noch einmal 2 Stunden abgedeckt kühl stellen und kurz vor dem Servieren noch einmal aufschlagen.

Irisch Moos, eine Algenart, aus der die Japaner Kosmetika herstellen, habe ich zum ersten Mal in Nusa Lembongan, auf einer kleinen Insel vor Bali, gesehen. Dort wird sie in Riff-Plantagen angebaut. Diese Alge ist die Grundzutat für Carrageen, ein einzigartiges Kaltbindemittel. In Drinks und Rohkostkuchen ergibt sie eine wunderbar zarte und geschmeidige Konsistenz.

Wassermelonen-Goji-Drink

Für 6 kleine Gläser

60 g Gojibeeren
½ Wassermelone, gut gekühlt
2 TL Camu-Camu

Die Gojibeeren in kaltem Wasser einweichen. Die gekühlte Wassermelone mit einem Messer bis auf das Fruchtfleisch schälen. In 2 cm dicke Scheiben schneiden, die Kerne mit einem Löffel herauskratzen und das Fruchtfleisch grob schneiden. Die Wassermelone, die abgetropften Gojibeeren und Camu-Camu in den Mixer geben und fein aufschlagen.

Dieser Drink stärkt die Abwehrkräfte und unterstützt das Immunsystem. Camu-Camu wirkt wie Zitronensaft oder Ascorbinsäure, enthält aber dreißigmal so viel Vitamin C wie Orangen. Außerdem ist es reich an Eisen und Phosphor. Die Gojibeeren schmecken einfach unglaublich und sind ebenfalls reich an Nährstoffen. Ein Kracher unter den alkoholfreien Shot-Getränken.

Ananas-Basilikum-Shake

Für 4 Gläser

1 Bund Basilikum
½ TL Camu-Camu
16 Eiswürfel
1 Ananas
3 Mandarinen
1 EL Lucuma
1 EL Maca
2 EL Agavendicksaft

Das Basilikum gut waschen, trocken tupfen, die Blättchen abzupfen und grob hacken. Das Basilikum zusammen mit Camu-Camu und 8 Eiswürfeln im Mixer fein pürieren. Die Flüssigkeit gleichmäßig auf vier Gläser aufteilen. Den Mixer gut ausspülen. Die Ananas schälen, vierteln und den Strunk entfernen. Die Ananas in Stücke schneiden. Die Mandarinen auspressen. Ananas, Mandarinensaft und die restlichen Zutaten in den Mixer füllen. Fein und schaumig aufschlagen und über einen Löffel in die Gläser gießen. Mit dem Löffel ein- oder zweimal durch den Drink fahren, um einen dekorativen Effekt zu erzielen.

Normalerweise bereite ich aus Ananas und Basilikum einen leckeren kleinen Beilagensalat zu. Die beiden sind jedoch eine so tolle Mischung, dass sie sich auch für einen Drink eignen. Unbedingt probieren!

Chai Smoothie

Für 4 Gläser

Chai:
400 ml Sojamilch Vanille (Natumi)
1 EL Kardamom
2 Zimtstangen
3 Sternanis
6 Nelken
4 Pimentkörner
15 g frischer Ingwer
3 EL Assam Kugelblatt-Schwarztee

Außerdem:
4 Bananen
6 EL Agavendicksaft
1 TL Vanilleextrakt oder das Mark von 1 Vanilleschote
Saft von ½ Zitrone oder 1 Msp. Ascorbinsäure

Die Bananen schälen und in einem Gefrierbeutel einfrieren.
Für den Chai 400 ml Wasser und die restlichen Zutaten, bis auf den Schwarztee, bei mittlerer Hitze langsam zum Kochen bringen und dann vom Herd nehmen.
Den Schwarztee zugeben, umrühren, 5 Minuten ziehen lassen und dann abgießen. Abkühlen lassen.
Den Chai in den Mixer geben. Bananen, Agavendicksaft, Vanille und Ascorbinsäure zugeben und auf höchster Stufe ganz schaumig aufschlagen und in Gläsern servieren.

**Der beste Sommer-Chai ever.
In Amerika gab es im Bioladen einen Eis-Chai, an dessen genaue Zusammensetzung ich mich nicht mehr erinnern kann. Aber die Mischung aus Apfelsaft und Sojamilch hat einen perfekten, wunderbar cremigen, fast dickflüssigen Chai ergeben. Dies war die Inspiration zu meinem Rezept.**

Erdbeer-Kombucha

Für 4 Gläser

10 Erdbeeren
1 l Kombucha
5 EL Rohrohrzucker
1 TL Camu-Camu
Eiswürfel

Die Erdbeeren waschen, putzen und vierteln. Die Erdbeeren mit 300 ml Kombucha, Zucker und Camu-Camu aufmixen. Mit dem restlichen Kombucha aufgießen und durch ein Haarsieb passieren. Mit Eiswürfeln in Gläsern als sommerlichen Drink servieren.

Tipp Anstelle von fertigem Kombucha kann man ihn auch selber machen. Dafür 1 l schwachen abgekühlten Schwarztee mit einer in Scheiben geschnittenen Zitrone, 2 EL Rohrohrzucker und einem Kombuchapilz an einem warmen Ort eine Woche lang ziehen lassen.

Aus einem einfachen Kombucha etwas Besonderes zu machen, ist nicht schwer. Und wer zuhause eine kleine Pilzzucht hat, freut sich über geschmackliche Alternativen. Anstatt Erdbeeren können alle möglichen Beeren verwendet werden, natürlich auch andere Obstsorten wie Äpfel oder auch Rhabarber.

Orangen-Tamarinden-Shot

Für 4 Gläser

10 g Irisch Moos
4 große Saftorangen
2 Mandarinen
4 Tamarindenschoten (oder 60 g Tamarindenpaste)
1 TL Camu-Camu
10 g frische Kurkuma

Das Irisch Moos gut waschen und im Kühlschrank über Nacht in kaltem Wasser einweichen. Am nächsten Tag das Irisch Moos abgießen, säubern, noch einmal waschen und in den Mixer geben.
Orangen und Mandarinen auspressen und den Saft in den Mixer geben. Die Tamarindenschoten schälen und die Kerne herauslösen. Das Tamarindenmark zusammen mit den restlichen Zutaten in den Mixer geben und stark ganz fein pürieren. In kleinen flachen Gläsern als eine Art Whisky servieren. Nach Wunsch mit einer Orangenscheibe garnieren.

Tamarindenpaste gibt es in Asialäden und teilweise auch in Bioläden zu kaufen. Mittlerweile sind in Asialäden aber auch die samtigen bräunlichen bohnenähnlichen Schoten erhältlich. Das Schälen und Entkernen der leckeren, feuchten, süßsauren Schoten ist zwar etwas aufwendig, aber der Geschmack ist einzigartig. Dies ist ein wahrer Vitamin-C-Booster, der durch das Irisch Moos weich und zart wird.

RGI
VITAMIN B
Untuk
ENERGI
X-TRA!

Pfefferminz-Zitronengras-Eistee

Für 4 Gläser

8 Stängel Zitronengras
Saft von 2 Zitronen
1 Bund Spearmint Minze (oder Pfefferminze)
4 EL Agavendicksaft (oder Palmzucker)
Eiswürfel

Die Zitronengrasstängel gut waschen und grob schneiden. Mit 1 l Wasser in den Mixer geben und zerkleinern. Die Flüssigkeit mit Zitronensaft, Minze und den restlichen Zutaten vermengen und über Nacht in den Kühlschrank stellen.
Am nächsten Tag den Eistee durch ein Sieb abgießen, die Minze abwaschen und wieder in den Tee geben. Den Kaltauszug mit Eiswürfeln servieren.

Die Idee zu diesem Drink kam mir bei einem Kochkurs an einem Wochenende, als ich nur noch Zitronengras im Kühlschrank hatte und dazu die Minze im Garten fand. Durch einfaches Mixen ohne vorherigen Kaltauszug oder Kochen entfaltet sich ein wunderbar erfrischender Geschmack. Man kann ihn sofort genießen; über Nacht durchgezogen, ist das Aroma noch etwas kräftiger.

Vanille-Zitronen-Eistee

Tehbotol

Für 4 Gläser

2 Vanilleschoten
25 g dunkler Grüntee (chinesischer Herkunft, Gunpowder)
6 EL Palmzucker
Saft von 1 Zitrone
Eiswürfel

1 l Wasser mit den Vanilleschoten zum Kochen bringen, vom Herd nehmen und 5 Minuten abkühlen lassen. Dann den Grüntee zugeben, 3 Minuten ziehen lassen und anschließend abgießen. Die Vanilleschoten kurz abspülen, der Länge nach halbieren, das Mark auskratzen und in den Tee geben. Den Palmzucker und den Saft der Zitrone dazugeben, einmal kurz pürieren und kalt stellen. Mit Eiswürfeln servieren.

»Tehbottol« (balinesisch für Teeflasche, »tea bottle«) gibt es in Indonesien an jeder Straßenecke. Hier eine selbst gemachte super Kombination aus Vanille, gepaart mit Zitronensaft. Weil die klassische indonesische Verpackung für »To go«-Getränke einfach zu cool ist, um sie zu verstecken, haben wir sie hier ebenfalls aufgegriffen. Funktioniert wirklich gut.

Kardamom-Ingwer-Eistee

Für 4 Gläser

2 EL Kardamomkapseln
50 g frische Kurkuma
30 g frischer Ingwer
50 g Agavendicksaft
Eiswürfel

Die Kardamomkapseln etwa 10 Minuten in 1 l Wasser bei geringer Hitze köcheln lassen. Vom Herd nehmen und auskühlen lassen. Anschließend die Flüssigkeit durch ein Sieb abgießen. Kurkuma und Ingwer schälen, in den Tee gegeben und mit Agavendicksaft süßen. Mit dem Pürierstab oder dem Mixer 1 Minute pürieren und über Nacht kühl stellen. Dann durch ein Haarsieb abgießen und mit Eiswürfeln servieren.

Allein die Farbe macht diesen Eistee zu einem Genuss. Mir tut der Drink außerordentlich gut, er desinfiziert Magen und Darm und wirkt wohlig wärmend, obwohl es ein Eistee ist.

Mango-Granite

Für 4 Personen

4 reife Mangos
1 TL Camu-Camu (oder 1 Msp. Ascorbinsäure oder Saft von ½ Zitrone)
6 TL Lucuma
4 EL Agavendicksaft
2 gestrichener TL lila Maispulver (oder 1 TL Acai-Pulver)

Die Mangos schälen, das Fruchtfleisch vom Stein schneiden und in den Mixer geben. Camu-Camu, Lucuma und Agavendicksaft zugeben und pürieren. Die Masse in einem Eiswürfelbehälter über Nacht einfrieren. Am nächsten Tag die Würfel aus der Form drücken und mit einer Gabel zerdrücken. Ein Fünftel der Masse in einer Schüssel mit dem lila Maispulver oder dem Acai-Pulver mischen und in ein Eisbecherglas füllen. Die restlichen zerstoßenen Mango-Eiswürfel darübergeben und einmal mit einem Löffel durchrühren.

Dieser erfrischende zuckerfreie Drink ist eine Mischung aus Nachtisch und Party-Drink. Mit seiner leuchtend orangegelben Farbe erinnert er an die Sonne des Südens und wärmt so richtig von innen – und dies auch wenn oder gerade weil Mangos bei uns oft erst im Herbst richtig reif und süß ankommen.

Vorspeisen, Snacks, Sandwiches

Pikanter Obstsalat

Für 4 Personen

1 reife Papaya (ca. 500 g)
700 g reife Wassermelone
1 Salatgurke
2 kleine grüne Chilischoten
Saft von 1 Zitrone
Salz

Die Papaya schälen, halbieren, die Kerne herauslösen und beiseitelegen (sie werden als eine Art Pfeffer verwendet). Das Fruchtfleisch in gleichmäßige Würfel schneiden. Die Wassermelone in Scheiben schneiden, das Fruchtfleisch mit einem Messer von der Schale schneiden und die Kerne mit einem kleinen Löffel herauskratzen. Das Fruchtfleisch in Würfel schneiden. Die Gurke schälen, der Länge nach halbieren und die Kerne mit einem Löffel herauskratzen. Die Gurke in dünne Halbmonde schneiden.
Die Chilischoten der Länge nach halbieren, entkernen und quer in dünne Streifen schneiden. Die Papayakerne mit einem Pürierstab grob mixen.
Papaya, Melone, Gurke und Chilistreifen mischen. Mit Zitronensaft, Salz und den geschroteten Papayakernen abschmecken.

Eine erfrischende und belebende Vorspeise, die in Nullkommanix zubereitet ist: süß, scharf, knackig, farbenfroh und rehydrierend. Die Papayakerne, die normalerweise entsorgt werden, ergeben ein schönes pikantes Gewürz, das nicht so scharf ist wie Pfeffer.

Edamame

Für 4 Personen

500 g tiefgefrorene oder frische Edamame (grüne Sojabohnen)
Salz
3 EL schwarzer Sesam
3 EL weißer Sesam
1 TL grobes Meersalz

Die tiefgefrorenen Edamame in kochendes Salzwasser geben und 4 Minuten garen (frische 1 Minute garen).
Den Sesam in einer beschichteten Pfanne rösten, bis die Samen zu knistern beginnen, dann aus der Pfanne nehmen.
Die Sojabohnen abgießen und in eine Schüssel geben. Den gerösteten Sesam und das grobe Meersalz dazugeben, vermengen und sofort heiß servieren.

Tipp Es empfiehlt sich eine weitere Schüssel mit auf den Tisch zu stellen, in der die aufgeknabberten Hülsen der Edamame entsorgt werden können.

Der japanischen Küche wohnt eine ganz eigene Reinheit und Klarheit inne, die möglicherweise in der japanischen Tradition des Zen und Shinto begründet ist. Hier werden gerne Edamame als Vorspeise gegessen: Eine einfache Schüssel grüne Sojabohnen, ein bisschen grobes Salz und Sesam – mehr braucht es nicht zum gemeinsamen Knabbergenuss.

Salattürmchen
mit Zitronen-Kräuterdressing

Für 4 Personen

Rote-Bete-Salat:
1 Rote Bete (Rande)
Saft von ½ Zitrone
2 EL Olivenöl
1 Msp. gemahlener Kardamom
Salz
1 kleines Stück frischer Ingwer

Karottensalat:
4 Karotten
1 kleines Stück frische Kurkuma
Saft von 1 Mandarine
4 Kaffirlimettenblätter
3 EL Sonnenblumenöl
Salz

Pikanter Blumenkohlsalat:
½ Blumenkohl
1 kleine rote Chilischote, entkernt
1 TL Tomatenmark
25 ml Sojamilch
Salz
70 ml kaltes Sonnenblumenöl

Zitronen-Kräuterdressing:
1 Stängel Zitronengras
1 Bund glatte Petersilie
Saft von 1 Mandarine
4 Kaffirlimettenblätter
30 g Agavendicksaft
Salz
70 ml Olivenöl

Außerdem:
100 g Mungosprossen
als Garnitur

Rote-Bete-Salat Die Rote Bete schälen und raspeln. Mit dem Zitronensaft, dem Olivenöl, Kardamom und Salz würzen. Den Ingwer schälen und fein reiben (sollte ca. 1 TL ergeben), nur den Saft aus dem geriebenen Fruchtfleisch in den Salat pressen und diesen marinieren lassen.

Karottensalat Die Karotten schälen und reiben. Die Kurkuma schälen und fein reiben (sollte ca. 1 TL ergeben). Zusammen mit Mandarinensaft, Kaffirlimettenblättern, Öl und Salz zu den Karotten geben und kräftig miteinander verrühren.

Blumenkohlsalat Den halben Blumenkohl waschen und putzen, dabei aber ganz lassen. Die Röschen (nicht aber den harten Strunk) raspeln.
In einem hohen Gefäß die Chilischote, das Tomatenmark und die Sojamilch mit dem Pürierstab mixen und salzen. Dann unter ständigem weiterem Mixen das Öl langsam dazugießen, bis die Masse mayonnaiseartig stockt. Den Blumenkohl mit der »Mayonnaise« verrühren und mit Salz abschmecken.

Zitronen-Kräuterdressing Das Zitronengras waschen, frisch anschneiden und grob hacken. In einem hohen Gefäß das Zitronengras, die Petersilie, den Mandarinensaft und die restlichen Zutaten zu einem feinen Dressing mixen.

Fertigstellen Die Sprossen waschen und abtropfen lassen.
Einen Portionierring von etwa 8 cm Durchmesser auf einen tiefen Teller stellen und den leicht ausgepressten Rote-Bete-Salat darin anrichten. Einige Sprossen daraufgeben und den Blumenkohlsalat darauf verteilen. Erneut Sprossen daraufgeben und mit Karottensalat auffüllen. Kurz vor dem Servieren den Ring nach oben wegziehen und das Dressing rund um das Türmchen ziehen.

(außer Sojamilch)

Ein Vorspeisen-Evergreen aus den Zeiten im »Zerwirk Restaurant«, den wir einst liebevoll »Aloha-Salat« nannten. Gerne erinnere ich mich an die Begeisterung und Freude der Menschen, die dort mitgearbeitet haben. Sie haben viele Überstunden geleistet, tonnenweise Gemüse und Trockenwaren geschleppt, jeden Abend pro Koch 200 Teller zubereitet und ausgegeben. Das hat zusammengeschweißt, daraus haben sich Freundschaften entwickelt, die auch heute noch bestehen. Danke Michi (Kern) und Sandra (Forster), dass wir die Freiheit hatten, diesen Traum zu realisieren.

Rote Bete

mit Cashewfüllung

Für 4 Personen

100 g Cashewkerne
5 Acidophilus-Kapseln
Salz, Pfeffer aus der Mühle
2 Zweige Oregano
8 kleine Rote Beten (Randen)
½ Bund glatte Petersilie
4 EL Olivenöl

Die Cashewkerne über Nacht in kaltem Wasser einweichen. Am nächsten Tag abgießen und glatt pürieren. Die Acidophilus-Kapseln öffnen und das Pulver unter das Cashewpüree kneten. Die Creme salzen und pfeffern. Den Oregano waschen, trocken tupfen, die Blätter abzupfen und unter die Creme rühren. Ein Sieb mit einem Küchentuch auslegen, die Creme hineingeben und abtropfen lassen.
Die Roten Beten waschen, bürsten und in ausreichend gesalzenem Wasser 30 Minuten gar kochen. Herausnehmen und kalt abschrecken. Die Schale abziehen.
Den Backofen auf 180 Grad vorheizen.
Den Blattansatz von den Roten Beten abschneiden und mit einem Apfelausstecher das Fruchtfleisch lockern und mit einem kleinen Löffel herauslösen, ohne dabei die Ränder oder den Boden der Knollen zu verletzen.
Die Roten Beten nebeneinander in eine leicht geölte feuerfeste Form setzen und die Cashewcreme mit einem kleinen Löffel oder einer Spritztülle hineinfüllen. Im vorgeheizten Ofen 10 Minuten backen.
Die Petersilie waschen, trocken tupfen, die Blättchen fein hacken und mit dem Öl verrühren. Zum Servieren das Kräuteröl über die heißen Roten Beten träufeln.

Tipp Statt des Acidophilus-Pulvers (im Bioladen erhältlich, siehe auch Seite 192) kann man auch den Saft einer halben Zitrone nehmen.

Als meine Mutter einmal von kleinen, mit Roquefort gefüllten Roten Beten schwärmte, konnte sie mich zwar nicht von diesem Edelpilzkäse überzeugen. Aber ihre Begeisterung inspirierte mich, Rote Beten einmal anders zu füllen. Daraus wurde diese kleine, hübsche Vorspeise, die nicht zu viel Arbeit macht und doch ungemein lecker ist.

Überbackene Zucchini

mit Kürbiskerncreme und Tomaten

Für 4 Personen

2 Zucchini
40 g Kürbiskerne
60 g Sonnenblumenkerne
1 Bund Basilikum
70 g Tofu
Salz
3 Strauchtomaten
1 TL getrockneter Oregano
3 EL Olivenöl

Den Backofen auf 190 Grad vorheizen.
Die Zucchini putzen, waschen und in 4 cm breite Stücke schneiden. Aus der Mitte der Stücke das Fruchtfleisch mit einem Apfelausstecher herauslösen. Die Zucchiniringe aufrecht in eine runde Backform (ca. 20 cm Durchmesser) setzen.
Das ausgelöste Zucchinifruchtfleisch mit Kürbis- und Sonnenblumenkernen, Basilikumblättchen und Tofu zu einer feinen Creme pürieren und mit Salz abschmecken. Die Creme in einen Spritzbeutel füllen und in die Zucchiniringe spritzen.
Die Strauchtomaten waschen, halbieren und den Strunk herausschneiden. Die Tomaten in kleine Würfel schneiden und mit Oregano, Olivenöl und Salz würzen. Die Tomaten um die Zucchini verteilen und alles im vorgeheizten Ofen 15 Minuten garen.

Sich aus gewohnten Gedankengängen zu lösen, das Essen neu anzugehen oder sich an neue, unbekannte Zutaten heranzuwagen, inspiriert mich immer wieder neu, verleiht ein prickelndes und lebendiges Gefühl. So kann man zum Beispiel ein Gemüse einfach mal anders schneiden. Hier habe ich die Zucchini ausgestochen und gefüllt. Das sieht klasse aus, da man die Füllung gleich sieht. Eine herrlich einfache Vorspeise und zur Abwechslung eine andere Form als die bekannten Involtini, die Röllchen, für die man schon ein bisschen länger in der Küche steht.

Pink Maki-Sushi

Für 4 Personen

Eingelegter Ingwer
100 g Ingwer
1 EL Rohrohrzucker
Salz

Sushifüllung
4 getrocknete oder 6 frische Shiitakepilze
6 EL Tamari (Sojasauce) für die Pilze

125 g Spinat
1 Karotte (160 g)
200 g Tofu natur
2 EL Sonnenblumenöl
40 ml Tamari für den Tofu

250 g Sushi-Reis
6 EL Apfelessig
3 EL Agavendicksaft
Salz
1 Rote Bete (Rande)

5 Noriblätter

Eingelegter Ingwer Den Ingwer schälen und in sehr dünne Scheiben schneiden. Mit Zucker und Salz vermischen und einige Stunden, am besten über Nacht, durchziehen lassen. So wird der Ingwer weicher.

Sushifüllung Die getrockneten Shiitakepilze in etwa ½ l Wasser zum Kochen bringen, die Sojasauce dazugeben und bei geringer Hitze 1 Stunde kochen lassen. Die Pilze aus dem Sud nehmen und abkühlen lassen, den Stiel entfernen und die Pilzhüte in hauchdünne Streifen schneiden. (Bei frischen Shiitake einfach den Stiel entfernen und die Pilzhüte in feine Streifen schneiden.) Die Pilze in einer Pfanne in 1 EL Öl mit etwas Tamari kurz anbraten.
Den Spinat verlesen, gut waschen und in kochendem Salzwasser 10 Sekunden blanchieren, mit einer Schaumkelle herausnehmen und in kaltem Wasser abschrecken. Gut abtropfen lassen, eventuell auspressen, dann in feine Streifen schneiden.
Die Karotte schälen und in feine lange Streifen schneiden. Ebenfalls im kochenden Wasser blanchieren und kalt abschrecken.
Den Tofu in ½ cm dicke Streifen schneiden und in einer beschichteten Pfanne im heißen Öl und dem Tamari leicht anbraten.
Den Sushi-Reis gründlich waschen, gut abtropfen lassen und mit 375 ml Wasser aufsetzen. Den Reis bei geschlossenem Deckel 10 Minuten köcheln lassen. Vom Herd nehmen und weitere 5 Minuten quellen lassen. Dann den Reis auf einem Backblech ausbreiten, damit er schneller abkühlt. Mit Apfelessig, Agavendicksaft und Salz würzen.
Die Rote Bete schälen (dafür am besten Wegwerfhandschuhe anziehen) und fein reiben. Den Saft aus dem Fruchtfleisch zum Reis pressen und locker vermengen, sodass er ganz pinkfarben wird (nicht zu viel Saft verwenden, sonst wird der Reis matschig).

Herstellen der Sushirollen Auf einer mit Frischhaltefolie abgedeckten Bambusmatte ein Noriblatt mit der rauen Seite nach oben auslegen. Mit angefeuchteten Fingern etwas Reis locker auf der Hälfte des Blattes ausbreiten. Mit einer Hand andrücken, dabei mit der anderen Hand eine scharfe Kante bilden. Der Länge nach etwas Ingwer, Pilze, Spinat, Karotten und Tofu darauf verteilen. Dann mithilfe der Bambusmatte alles mit mäßigem Druck eng aufrollen. Zum Verschließen der Sushi ein paar Tropfen Wasser auf die Kante der Algenblätter geben und das Ende am Röllchen festdrücken.

Zum Servieren die Sushirollen (Maki) mit einem benetzten scharfen Messer schneiden, zwischendurch die Klinge immer wieder mit einem Tuch abwischen. Den eingelegten Ingwer dazu reichen.

(siehe unten)

Für Maki-Sushi muss der Reis nach dem Ausdampfen schön trocken und bissfest sein. Färben kann man den Reis auch mit Saft von Spinat oder Petersilie, Kurkuma oder anderen färbenden Zutaten. Aufgeschnitten sehen die Röllchen auf einem Buffet oder zum Aperitif toll aus, sie sind farbenfroh und lassen sich gut mit den Händen essen.
Ohne den eingelegten Ingwer sind die Maki-Sushi zuckerfrei.

Spinat-Semmelknödel
mit Pilzrahmsauce

Für 4 Personen

Spinat-Semmelknödel:
80 g Reis
2 EL Speisestärke
200 g Baguette oder altbackenes Weißbrot
120 ml Reisdrink
400 g Blattspinat
Salz
2 EL Olivenöl

Pilzrahmsauce:
300 g Champignons
2 EL Olivenöl
300 ml Sojasahne (Cresoy)
150 ml Reisdrink
2 EL Hefeflocken
Salz, Pfeffer aus der Mühle

Außerdem:
½ Bund glatte Petersilie

Spinat-Semmelknödel Den Reis mit 160 ml Wasser 10 Minuten köcheln und dann 20 Minuten bei geschlossenem Deckel abseits vom Herd quellen lassen. Den Reis mit dem Pürierstab fein pürieren, sodass eine klebrige Masse entsteht. Sobald sie nicht mehr heiß ist, die Speisestärke mit dem Püriersatb einarbeiten.
Das Baguettebrot in 1–2 cm große Würfel schneiden und auf ein Backblech geben. Im Backofen bei 60 Grad 10 Minuten trocknen, ohne dass das Brot Farbe annimmt (oder altbackenes Weißbrot verwenden). Dann das Brot im Reisdrink einweichen.
Den Spinat waschen, putzen und in gesalzenem kochendem Wasser 10 Sekunden blanchieren. Abschrecken und ausdrücken. Mit einem Messer grob schneiden, dann den Spinat unter die Reismasse mischen und verkneten. Zum Schluss das Brot unterheben, leicht salzen und 30 Minuten ruhen lassen.
Den Backofen auf 180 Grad vorheizen.
Einen großen Topf mit leicht siedendem gesalzenem Wasser vorbereiten. Mit leicht befeuchteten Händen aus dem Knödelteig 8–12 kleine Spinatknödel formen, in das leicht siedende Wasser geben und gute 5 Minuten quellen lassen. Die Knödel mit einer Schaumkelle herausnehmen und auf ein mit Backpapier belegtes Blech legen, mit Olivenöl beträufeln und im vorgeheizten Ofen 8–10 Minuten trocken backen.

Pilzrahmsauce Die Champignons putzen und in 3 mm dicke Scheiben schneiden. Das Öl in einer beschichteten Pfanne erhitzen und die Pilze darin scharf anbraten. Die Hitze reduzieren und mit Sojasahne und Reisdrink aufgießen. Alles mit Hefeflocken binden und mit Salz und Pfeffer würzen.

Die Sauce auf vier kleine tiefe Vorspeisenteller verteilen und jeweils 2–3 heiße Knödel daraufsetzen. Mit fein geschnittener Petersilie garnieren und sofort servieren.

Meine italienische Großmutter, eine wunderbare Frau, bereitete unglaublich leckere Spinatknödel zu. Von ihr hat meine Mutter das Rezept übernommen, und jedes Mal, wenn es bei uns zu Abend Spinatknödel gab, kam Feststimmung auf. Ein Stück Südtirol, das sich für mich immer nach zuhause anfühlt. Grund genug, diesen Genuss auch in einer veganen Variante weiterleben zu lassen.
Die Knödel lassen sich übrigens super am Vorabend vorbereiten und kommen dann vor dem Servieren nur noch in den Ofen. Man kann dafür auch gut übrig gebliebenen feucht-klebrigen Reis benutzen und einfach die Speisestärke unterheben.

MONSTER
ENERGY
MOTOR HEAD

Schaschlik
mit Ketchup

Für 4 Personen

Schaschlik:
200 g Tofu
2 EL Sonnenblumenöl
40 ml Tamari (Sojasauce)
½ rote Paprika
½ gelbe Paprika
1 kleine Zucchini
1 kleine Karotte (50 g)
8 Scheiben Baguette
Salz

Ketchup:
3 reife Tomaten
1 kleine rote Chilischote
2 Champignons
4 EL Olivenöl
4 EL Tamari
1 EL Palmzucker
1 EL Weißweinessig

Schaschlik Den Tofu in 8 gleich große Stücke schneiden und in einer Pfanne im heißen Öl mit dem Tamari anbraten, bis die Sojasauce verdampft ist.
Die Paprikaschoten putzen, waschen und jeweils in vier gleich große Stücke schneiden. Die Zucchini putzen, waschen und in 8 gleich dicke Scheiben schneiden. Die Karotte schälen und in 8 feine Scheiben schneiden.
Den Backofen auf 220 Grad vorheizen.
Alle Zutaten abwechselnd auf 4 Schaschlikspieße verteilen, zuerst die Karotten, dann Zucchini, Paprika, Brot und Tofu. Dann noch einmal von vorne beginnen und mit Karotte abschließen. Die Spieße auf ein Backblech legen, leicht einölen, salzen und im vorgeheizten Backofen 12 Minuten backen.

Ketchup Die Tomaten waschen und grob schneiden. Die Chilischote längs aufschneiden, entkernen und fein hacken.
Die Pilze putzen und klein schneiden. Alle vorbereiteten Zutaten im heißen Öl anbraten, die restlichen Zutaten dazugeben und alles 5 Minuten garen. In ein hohes Gefäß geben und fein pürieren. Das Ketchup durch ein feines Sieb passieren und in eine kleine Servierschüssel füllen. Zu den Spießen servieren.

Dass man Ketchup auch selber machen kann, entdeckte ich erst, als ich einmal eines kostete, das anders schmeckte als sonst, pikanter, weniger süß, und erfuhr, dass es selbstgemacht war. Ich ließ mir die Zutaten aufzählen und begann zu experimentieren. Erst als ich frische Tomaten anstelle von Tomatenmark und Essig nahm, gelang es mir, meine Kindertraumsauce herzustellen.

Süsskartoffel-Wedges

mit Guacamole

Für 4 Personen

Süßkartoffel-Wedges:
350 g bunte Süßkartoffeln
(z. B. lila und gelb)
Frittieröl
grobes Meersalz

Guacamole:
2 Avocados
1 Bund frischer Koriander
Saft von 1 Zitrone
3 EL Olivenöl
Salz

Süßkartoffel-Wedges Die Kartoffeln schälen, in Schnitze schneiden und bis zum Frittieren in ½ l kaltes Wasser legen.
Das Frittieröl erhitzen. Es hat die richtige Hitze erreicht, wenn beim Hineinhalten eines Holzlöffels Bläschen aufsteigen. Die Temperatur etwas reduzieren und die gut abgetropften Kartoffelschnitze, damit es nicht spritzt, am besten mit einer Schaumkelle hineingeben. Die Wedges etwa 5 Minuten garen. Mit der Schaumkelle herausnehmen und auf Küchenpapier abtropfen lassen. Die Kartoffeln gut abkühlen lassen. Das Frittieröl beiseitestellen.

Guacamole Die Avocados halbieren, den Stein entfernen und das Fruchtfleisch mit einem Löffel aus der Schale heben. Den grob geschnittenen Koriander, Zitronensaft, Olivenöl und Salz zugeben und mit den Händen oder einer Gabel grob zerdrücken.

Fertigstellen Vor dem Servieren das Frittieröl erneut erhitzen und die Kartoffeln darin noch einmal etwa 5 Minuten frittieren, bis sie eine schöne Farbe haben. Mit der Schaumkelle herausnehmen und auf Küchenpapier abtropfen lassen. Die Kartoffeln mit grobem Salz würzen und die Guacamole dazu reichen.

Wohl die coolste Art, Pommes zu essen! Im »Millennium«-Restaurant in San Francisco machten die Mexikaner echte Pommes. Mit unendlicher Ausdauer und ohne zu murren schälten sie säckeweise Kartoffeln und schnitten sie von Hand, dann wurden diese zweimal frittiert, zuerst vorfrittiert und anschließend abends beim Service ein zweites Mal. Hier meine Variante mit Süßkartoffeln und dazu Avocado.

Kürbis-Mais-Küchlein

mit Basilikumsauce

Für 4 Personen

Teig:
250 g Dinkelmehl (Type 630)
125 g pflanzliche Margarine
30 g Rohrohrzucker
1 TL Salz

Belag:
300 g Muskatkürbis
2 Maiskolben
½ Spitzkohl (ca. 200 g)
Salz
1 EL Maisstärke

Basilikumsauce:
1 Bund Rucola
½ Bund Basilikum
½ Bund glatte Petersilie
5 Pfefferkörner
8 EL Olivenöl
2 EL Agavendicksaft
Salz

Teig Die Zutaten des Teiges mischen, gut durchkneten und vierteln. Vier gleich große Stücke Backpapier bereitlegen. Jeweils ein Teigstück daraufgeben und mit der flachen, leicht bemehlten Hand ½ cm flach drücken. Auf ein Backblech legen.

Belag Den Kürbis schälen, entkernen und in kleine Würfel schneiden. Von den Maiskolben Blätter und Fäden entfernen und mit einem großen, scharfen Messer am senkrecht gestellten Kolben herunterfahren, um die Kerne abzulösen. Von dem Spitzkohl den Strunk entfernen und die Blätter grob schneiden. Sämtliche Gemüse gut miteinander vermengen und mit Salz würzen. Die Maisstärke mit 2 EL Wasser verrühren und unter das Gemüse rühren.

Den Backofen auf 200 Grad vorheizen. Das Gemüse auf die vier Teigböden verteilen und die vier Seiten jeweils mit einem Messerrücken anheben. Die Küchlein sollen in eine quadratische Form (ca. 8 x 8 cm) gebracht werden. Die Ecken des Backpapiers mit Foldback-Klammern fixieren und wenn nötig die Form der Küchlein noch ein bisschen mit den Fingern nachbearbeiten und glätten. Im vorgeheizten Ofen etwa 20 Minuten schön dunkel backen.

Basilikumsauce Rucola, Basilikum und Petersilie waschen. Die Hälfte des Rucolas, die Kräuter und die restlichen Zutaten zu einer glatten Sauce pürieren.

Anrichten Die Kürbis-Mais-Küchlein aus dem Ofen nehmen, die Klammern lösen und die Küchlein mit dem Papier auf Teller geben. Mit dem restlichen Rucola und der Basilikumsauce servieren.

Eine herrliche frühherbstliche Vorspeise, mit der man noch einmal die Farben des Sommers und der Sonne in sich aufnehmen kann, bevor man sich auf die Ruhe des Winters vorbereitet. Das Verpacken der Törtchen bedarf ein bisschen Übung, ist aber eigentlich nicht schwer. Die Füllung kann beliebig gewählt werden.

Frühlingsrollen

mit Erdnusssauce

Für 16 Röllchen

Vollkornteig:
100 g Vollkornmehl (Dinkel oder Weizen)
30 ml Reismilch
65 ml Wasser
Salz
Buchweizenmehl zum Ausrollen

Erdnusssauce:
100 g rohe Erdnüsse
2 Tomaten
2 Tamarindenschoten
20 g frische Kurkuma
1 kleine rote Chilischote
2 EL Sonnenblumenöl
Salz
1 Bund frischer Koriander

Füllung:
50 g Mungosprossen
50 Sojasprossen
1 Karotte
½ kleiner Chinakohl
½ Bund glatte Petersilie
300 g Blattspinat
Salz

Außerdem:
6 EL Sesamöl zum Ausbraten

Vollkornteig Alle Teigzutaten verkneten. Den Teig mit Frischhaltefolie abdecken und ruhen lassen, bis Sauce und Füllung zubereitet sind.

Erdnusssauce Die rohen Erdnüsse in einer trockenen Pfanne bei kleiner Hitze rösten und dabei immer wieder rühren. Die Tomaten in kleine Würfel schneiden. Die Tamarinde schälen, entkernen und klein hacken.
Die Kurkuma schälen und hacken. Die Chilischote der Länge nach halbieren, entkernen und in feine Streifen schneiden.
Alle vorbereiteten Zutaten zu den Erdnüssen geben. Das Öl, 100 ml Wasser und Salz untermengen. Einige Minuten köcheln lassen und dann mit dem Pürierstab leicht pürieren (es soll ein grober, »chunky« Dip sein).
Vom Herd nehmen und den grob gehackten Koriander unterheben.

Füllung Die Sprossen waschen, gut abtropfen lassen und in eine Schüssel geben. Die Karotte schälen, in sehr feine Streifen schneiden und dazugeben. Den Chinakohl putzen, waschen und in feine Streifen schneiden. Den Spinat verlesen, gründlich waschen und abtropfen lassen. Chinakohl, Spinat und gehackte Petersilie mischen und salzen, mit den Händen durchkneten, damit eine kompakte Masse entsteht.
Nach 10 Minuten die Spinat-Chinakohl-Füllung mit den Händen auspressen, zu den Sprossen geben und gut vermengen.

Fertigstellen Die Arbeitsfläche mit Buchweizenmehl bestreuen. Den Teig vierteln und durch die Nudelmaschine drehen, dabei auf der größten Stufe beginnen und den Teig immer wieder zusammenfalten und erneut durch die Maschine drehen, bis der Teig schön geschmeidig ist. Dann die Einstellung der Nudelmaschine auf die Hälfte reduzieren und die Teigbahnen erneut durchdrehen, bis ein hauchdünner Teig entstanden ist.
Den Teig auf der Arbeitsfläche auslegen und in 16 cm lange Stücke schneiden.
Die Füllung jeweils in der Mitte auf die Teigstücke legen. Den Teig jeweils von der Längsseite her rechts und links zur Mitte klappen und dann zu einem Röllchen zusammendrehen. Die Röllchen sollen schön voll und nicht zu locker gepackt sein; der Teig darf aber nicht reißen.
Das Öl in einer beschichteten Pfanne erhitzen und die Röllchen mit der Naht nach unten anrösten. Ist die Naht geschlossen, die Röllchen wenden und jeweils 3 Minuten von allen Seiten braten. Die Frühlingsrollen mit der lauwarmen Erdnusssauce servieren.

Durch eine Philippinin, mit der ich einmal zusammengearbeitet habe, kamen die ersten asiatischen Einflüsse auf meinen Speisezettel. Ob auf den Philippinen auch Erdnusssauce gegessen wird, weiß ich nicht. Aber die Sauce, die sie – aus rohen Erdnüssen – machte, fand ich grandios. Frühlingsrollen aus Vollkornteig schmecken übrigens super, aber wer mag, kann natürlich auch hier zu Reispapier greifen. Dieses wird 5 Minuten in kaltes Wasser eingelegt, dann gefüllt, eingerollt und wie beschrieben in der Pfanne gebraten.

Samosas

mit Papaya-Chutney

Für 4 Personen

Samosas, Füllung:
5 große Kartoffeln
50 g Blaumohn
Salz
1 TL schwarze Senfsaat
1 TL Cumin (Kreuzkümmel)
1 TL Koriandersamen
20 g frische Kurkuma
(oder ½ TL gemahlenes Pulver)
1 Bund glatte Petersilie

Samosas, Teig:
70 g Weizen- oder Dinkelmehl
50 g Buchweizenmehl
1 Schuss Sonnenblumenöl
Buchweizenmehl
zum Bestäuben
Öl zum Ausbraten

Papaya-Chutney:
1 kleine Papaya
Saft von 1 Zitrone
4 EL Agavendicksaft
1 getrocknete Chilischote
Salz

Samosas Für die Füllung die Kartoffeln schälen, waschen, in kleine Würfel schneiden und zusammen mit dem Blaumohn in Salzwasser gar köcheln lassen, dann abgießen. Die noch heißen Kartoffeln mit allen Gewürzen vermengen, die Petersilie hacken und dazugeben und die Masse auskühlen lassen.
Für den Teig die beiden Mehlsorten mit Öl, 60 ml Wasser und Salz zu einem glatten, festen Teig kneten und 30 Minuten ruhen lassen. Den Teig vierteln und portionsweise durch die Nudelmaschine drehen, erst auf größter Stufe, dann immer dünner werdend. Die Arbeitsfläche mit Buchweizenmehl bestäuben. Eine lange Teigbahn darauf auslegen und in Quadrate (ca. 14 x 14 cm) schneiden. In die Mitte jedes Teigstücks jeweils 3 EL Kartoffelfüllung geben, den Teig zur Hälfte zusammenschlagen und zu dreieckigen Teigtaschen formen. Die Ränder fest zusammendrücken.
In einer Pfanne in heißem Öl die Samosas von jeder Seite etwa 4 Minuten goldbraun braten.

Papaya-Chutney Die Papaya halbieren, entkernen, schälen und das Fruchtfleisch in grobe Würfel schneiden. Mit Zitronensaft, Agavendicksaft, der gehackten Chilischote und Salz würzen und mit einer Gabel zerdrücken. Das Chutney zu den Teigtaschen reichen.

Meine Samosa-Variante besteht aus einem besonderen Teig mit Buchweizenmehl. Der Mohn in der Füllung – ein Geschenk meines guten Freundes Toni – gibt den Kartoffeln einen besonders feinen Geschmack. Freunde, gute Erinnerungen und ein bisschen Papaya-Chutney stecken in diesem Gericht. Enjoy!

Antipasti-Sandwich

Für 4 Stück

Mandel-Tamarinden-Aufstrich:
100 g Mandeln, über Nacht in Wasser eingelegt
2 Tamarindenschoten
1 Bund glatte Petersilie
1 Bund frischer Koriander
Saft von 1 Zitrone
Salz
5 Pfefferkörner
3 EL Sonnenblumenöl
2 EL Agavendicksaft

Dinkelbrötchen:
½ Würfel frische Hefe
50 ml Olivenöl
300 g Dinkelvollkornmehl
30 g Kürbiskerne
30 g Zedernnüsse
30 g Pistazien
Salz

Antipasti:
2 rote Paprika
1 gelbe Paprika
4 EL Olivenöl
Salz
1 längliche Aubergine
2 kleine längliche Köpfe roter Radicchio (Treviso)
1 gelbe Zucchini
2 grüne Zucchini

Aufstrich Die über Nacht eingeweichten Mandeln abgießen und aus der Schale drücken.
Die Tamarinden schälen und entkernen.
Die Kräuter waschen, trocken tupfen und die Blättchen abzupfen. Tamarinden, Mandeln und Kräuter zusammen mit den restlichen Zutaten im Cutter oder Blitzhacker zu einer feinen Creme pürieren. Mit Salz abschmecken.

Brötchen Die Hefe zerbröseln und in 120 ml lauwarmem Wasser auflösen. Das Olivenöl und das Dinkelmehl zufügen, salzen und alles zu einem elastischen Teig kneten. Den Teig mit Frischhaltefolie abgedeckt an einem warmen Ort etwa 30 Minuten gehen lassen, bis sich sein Volumen verdoppelt hat. Die Kerne und Nüsse zum Teig geben und unterkneten. Noch einmal abgedeckt etwa 30 Minuten ruhen lassen.
Den Teig vierteln und mit leicht bemehlten Händen Brötchen daraus formen. Diese jeweils mit etwas Mehl bestäuben, auf ein mit Backpapier belegtes Blech legen und flach drücken. Die Brötchen 20 Minuten ruhen lassen.
Den Backofen auf 220 Grad vorheizen. Eine Metallschüssel mit Wasser füllen und auf den Boden des Backofens stellen. Die Brötchen 5 Minuten anbacken, dann die Schüssel herausnehmen, die Ofentemperatur auf 190 Grad herunterschalten und die Brötchen weitere 12 Minuten backen. Aus dem Ofen nehmen und ausdampfen lassen.

Antipasti Die Backofentemperatur auf 220 Grad erhöhen. Die Paprikaschoten waschen, halbieren und entkernen. Die Hälften jeweils dritteln und auf einem Backblech mit ein wenig Olivenöl und etwas Salz bestreut im vorgeheizten Ofen 12 Minuten backen. Inzwischen die Aubergine putzen, waschen, in dünne Scheiben schneiden und in einer Schüssel Wasser 5 Minuten einweichen. Die Auberginenscheiben abtropfen lassen und auf einem Ofengitter leicht überlappend 8 Minuten braun backen. Aus dem Ofen nehmen und mit Olivenöl und Salz würzen. Den Radicchio putzen und vierteln. Die Zucchini putzen, waschen, in Scheiben schneiden. Die Paprika aus dem Ofen nehmen, vom Backblech nehmen und beiseitelegen. Nun den Radicchio und die Zucchini auf das Backblech geben, mit Olivenöl beträufeln und 5 Minuten backen. Anschließend herausnehmen, salzen und beiseitelegen.

Anrichten Die Brötchen quer halbieren und mit dem Mandelaufstrich bestreichen. Mit den Antipasti belegen und mit dem Brotdeckel schließen. In Butterbrotpapier gewickelt können sie super mitgenommen werden.

Meine Kindheit in einem Familienbetrieb mit italienischem Partyservice hat kulinarisch Spuren hinterlassen. Meine Schwester und ich durften in der Küche mithelfen: aushöhlen, füllen, schneiden, grillen in tausend und einer Variation, wie es nur die Italiener tun. Die Erinnerung an all die Gäste, die wir über die Jahre mit dem »Piccola Italia« erfreut haben, steckt – in einer Version zum Mitnehmen – in diesem leckeren Nuss-Sandwich.

Tramezzini

Für 4 Stück

Toastbrot nach Rezept Seite 35

Tofu-Bratlinge:
150 g Tofu
1 Karotte
2 EL Kartoffel- oder Maisstärke
25 g Haferflocken
Oregano
Salz
Öl zum Ausbacken

Kürbisgemüse:
200 g Muskat- oder Hokkaidokürbis
2 EL Olivenöl
Salz

Austernpilzaufstrich:
260 g Austernpilze
3–4 EL Olivenöl
40 g pflanzliche Margarine (Alsan)
Salz
1 Zweig Rosmarin
20 g Hefeflocken

Rucolasalat:
1 Bund Rucola
2 EL Olivenöl
Saft von ½ Zitrone
Salz

Gurkensalat:
¼ Schlangengurke
Salz

Toastbrot Für das Toastbrot den Teig nach dem Rezept auf Seite 35 herstellen, in eine gefettete quadratische Backform (15 x 15 cm) füllen und erneut gehen lassen.
Den Backofen auf 250 Grad vorheizen.
Eine Metallschüssel mit Wasser füllen, auf den Boden des Backofens stellen und das Toastbrot 5 Minuten anbacken; dann die Schüssel herausnehmen, die Ofentemperatur auf 200 Grad reduzieren und das Brot weitere 15 Minuten backen. Aus dem Ofen nehmen und ausdampfen lassen.

Tofu-Bratlinge Den Tofu abtropfen lassen und mit den Händen fein zerkrümeln. Die Karotte schälen und grob raspeln. Tofu und Karotte mit den restlichen Zutaten zu einer feuchten Masse kneten. Mit Oregano und Salz abschmecken. 8 gleich große Taler daraus formen und in einer Pfanne im heißen Öl auf der ersten Seite etwa 5 Minuten, auf der zweiten etwa 3 Minuten braten.

Kürbisgemüse Den Kürbis schälen (Hokkaido braucht man nicht zu schälen) und mit einem Löffel entkernen. Das Fruchtfleisch in dünne Scheiben schneiden und in einer Pfanne im heißen Olivenöl bei geringer Hitze anbraten. Salzen und bei geschlossenem Deckel etwa 5 Minuten garen. Wenden und weitere 5 Minuten braten, bis der Kürbis gar ist.

Austernpilzaufstrich Die Austernpilze putzen. Das Olivenöl und die Margarine erhitzen und die Pilze darin knusprig braten. Mit einem Messer grob schneiden, salzen und vom Herd nehmen, mit Rosmarinblättern würzen und mit den Hefeflocken abbinden. Auskühlen lassen und bis zum Bestreichen der Tramezzini im Kühlschrank lagern.

Rucolasalat Den Rucola putzen, waschen und trocken schleudern. Olivenöl, Zitronensaft und Salz zu einem leichten Dressing schlagen und den Rucola darin wenden.

Gurkensalat Die Gurke mit Salz gut abreiben und kurz abwaschen. Danach in feine Scheiben schneiden.

Anrichten Vor dem Servieren das Brot aus der Form lösen und quer in 4 Scheiben schneiden. Die vorbereiteten Zutaten auf 2 Scheiben verteilen, mit den restlichen 2 Scheiben bedecken und die Tramezzini in Alufolie einwickeln. In einer Pfanne knusprig ausbraten. Aus der Folie nehmen und diagonal halbieren.

Diese Tramezzini waren ein Wunsch des Fotografen Oliver Brachat. Nachdem ich frühmorgens auf dem Markt eingekauft hatte, bereitete ich vier Portionen Sandwiches zu und stellte sie, ohne sie probiert zu haben, auf den Tisch zum Fotografieren. Nach der Aufnahme wurde es auf einmal verdächtig still. Die ganze sonst so rege Truppe stand beim Verkostungstisch und aß genüsslich mit geschlossenen Augen die Tramezzini. Einfach lecker!

Veggy-Burger
mit Auberginencreme

Für 4 Personen

Sesam-Vollkornbrötchen:
10 g frische Hefe
350 g Weizen- oder Dinkelvollkornmehl
1 TL Cuminsamen
1 TL Koriandersamen
Salz
je 1 EL schwarzer und weißer Sesam

Auberginencreme:
2 Auberginen
2 EL weißes Tahin
1 Zitrone
½ gemahlener Koriander
Salz

Gemüse-Bratlinge:
7 Champignons
1 Karotte
1 Zucchini
2 Kartoffeln
Salz
150 g Buschbohnen
1 Bund glatte Petersilie
Sonnenblumenöl

Zum Anrichten:
300 g Babyspinat

Brötchen Die Hefe zerbröseln und in 150 ml lauwarmem Wasser auflösen. Das Mehl und die Gewürze zufügen und alles zu einem elastischen Teig kneten. Den Teig mit Frischhaltefolie abgedeckt an einem warmen Ort etwa 30 Minuten gehen lassen, bis sich sein Volumen verdoppelt hat. Dann den Teig erneut durchkneten und auf einer bemehlten Arbeitsfläche gut 2 cm dick ausrollen. Mit einem Glas Kreise von etwa 6 cm Durchmesser ausstechen und auf ein mit Backpapier belegtes Blech legen. Dünn mit Wasser bestreichen und mit Sesam bestreuen. Teigreste noch einmal zusammenkneten und erneut Kreise ausstechen, bis der gesamte Teig aufgebraucht ist. Es sollte etwa 12 Stück ergeben. Den Backofen auf 220 Grad vorheizen. Eine Metallschüssel mit Wasser füllen und auf den Boden des Backofens stellen. Die Brötchen 5 Minuten anbacken. Dann die Schüssel herausnehmen, die Ofentemperatur auf 190 Grad reduzieren und die Brötchen weitere 8 Minuten backen. Aus dem Ofen nehmen und ausdampfen lassen.

Auberginencreme Die Auberginen auf das Backblech legen und im Ofen bei 200 Grad etwa 30 Minuten backen. Die Auberginen sollen so weich werden, dass sie sich mit dem Finger ganz durchdrücken lassen. Dann aus dem Ofen nehmen, mit einem Messer einritzen und aufbrechen, damit sie schneller ausdampfen und auskühlen. Mit einem Löffel das Fruchtfleisch von der Schale abkratzen und grob hacken. Die Auberginenmasse mit Tahin, Zitronensaft, Koriander und Salz würzen und gut durchrühren.

Bratlinge Sämtliches Gemüse bis auf die Bohnen putzen, grob raspeln und gut salzen. Die Buschbohnen hauchdünn aufschneiden und die Petersilie fein hacken. Alles zusammen verrühren und das Wasser herauspressen. Mit den Händen 12 kleine Bratlinge formen oder so viele, wie sich Brötchen ergeben haben. Die Bratlinge nach und nach in einer beschichteten Pfanne im heißen Öl langsam von jeder Seite etwa 4 Minuten braten.

Anrichten Den Spinat putzen, waschen, trocken schleudern und in feine Streifen schneiden. Die Brötchen aufschneiden, beide Schnittflächen mit der Creme bestreichen und den Burger darauflegen. Den Spinat darauf verteilen und den Deckel auflegen.

Burger haben etwas Archaisches an sich. Auch Frauen lieben sie, doch ihnen sind sie oft zu groß und zu fettig und das Weißmehlbrötchen, in dem sie stecken, zu wenig gesund. Hier ein »Lady Burger«, ein Minibrötchen aus Vollkorn, mit einem sojafreien Gemüsebratling, zarter Auberginencreme und frischem Spinat, und das alles in einem handlichen Format.

Tempeh-Burger

Für 6 Stück

Weizenbrötchen:
½ Würfel frische Hefe
420 g Weizenmehl (Type 550)
Salz
ca. 3 EL Sesam

Belag:
300 g Tempeh
4 EL Sojasauce (Shoyu)
2 TL Mehl
2 EL Sonnenblumenöl
12 Blätter Lollo verde (Blattsalat)
Ketchup
3 Strauchtomaten
½ Salatgurke

Brötchen Die Hefe zerbröseln und in 280 ml lauwarmem Wasser auflösen. Das Mehl und Salz zufügen alles zu einem elastischen Teig kneten. Den Teig mit Frischhaltefolie abgedeckt an einem warmen Ort etwa 30 Minuten gehen lassen, bis sich sein Volumen verdoppelt hat. Dann den Teig erneut durchkneten und auf einer bemehlten Arbeitsfläche gut 2 cm dick ausrollen. Mit einem Glas Kreise von 15 cm Durchmesser ausstechen und auf ein mit Backpapier belegtes Blech legen. Mit Sesam bestreuen. Die Teigreste eventuell noch einmal zusammenkneten und wiederum ausrollen und Kreise ausstechen, bis der Teig verbraucht ist. Den Backofen auf 250 Grad vorheizen. Eine Metallschüssel mit Wasser füllen und auf den Boden des Backofens stellen. Die Brötchen 5 Minuten anbacken, dann die Schüssel herausnehmen und die Backofentemperatur auf 200 Grad herunterschalten. Die Brötchen weitere 10 Minuten backen. Aus dem Ofen nehmen und ausdampfen lassen.

Belag Den Tempeh in Scheiben schneiden und in der Sojasauce wenden. In Mehl einmal kurz wenden und anschließend in einer beschichteten Pfanne in dem heißen Öl von beiden Seiten goldbraun braten. Den Salat waschen und abtropfen lassen. Die Tomaten in etwa ½ cm dicke Scheiben schneiden. Die Gurke mit Salz abreiben und in dünne Scheiben schneiden.

Anrichten Die Brötchen aufschneiden, die Brothälften mit Ketchup bestreichen und Gurke, Tomaten und Tempeh darauflegen. Mit Salat bedecken und mit dem Brötchendeckel abschließen.

(außer Ketchup)

Was soll man dazu sagen, außer dass es ab und an einfach gut tut, zu essen, worauf man gerade Lust hat, und dabei alle gesundheitlichen Aspekte außer Acht zu lassen. Bei diesem belegten Brötchen mit gebratenem Tempeh, Salat und Ketchup geht einem das Kinderherz auf.

Tofu-Wraps
mit Karotten-Maulbeer-Salat

Für 4–6 Stück

Kürbiskernpaste:
50 g Kürbiskerne, über Nacht in kaltem Wasser eingeweicht
Salz
4 Acidophilus-Kapseln

Teig:
550 g Weizenmehl (Type 550)
75 ml Sonnenblumenöl
Salz

Tofu-Bohnen-Füllung:
300 g Buschbohnen
Salz
1 Msp. Natron
50 g Kokosflocken
2 EL Sonnenblumenöl
200 g Tofu
30 ml Sojasauce (Shoyu)
2 EL Sonnenblumenöl

Karotten-Maulbeer-Salat:
3 Karotten
35 g Maulbeeren
Saft von ½ Zitrone
3 EL Sonnenblumenöl
5 EL weißer Sesam
Salz

Kürbiskernpaste Die Kürbiskerne abgießen und pürieren. Leicht salzen und in einem Haarsieb 30 Minuten abtropfen lassen. Die Paste mit dem Acidophilus-Pulver verrühren und bis zum Gebrauch (gut auch bis zu 1 Woche) luftdicht verschlossen aufbewahren.

Teig Das Mehl, 350 ml Wasser, das Öl und etwas Salz zu einem glatten Teig verkneten und etwa 30 Minuten ruhen lassen. Den Teig in 4–6 Portionen teilen und auf einer bemehlten Arbeitsfläche so dünn wie möglich ausrollen. In einer beschichteten Pfanne mit einem Tropfen Öl von beiden Seiten bei mittlerer bis hoher Hitze insgesamt 4–6 Minuten ausbacken.

Füllung Die Buschbohnen waschen, putzen und in kochendem, gesalzenem und mit 1 Messerspitze Natron versetztem Wasser 8 Minuten weich kochen, abschrecken und abtropfen lassen. Die gekochten Bohnen in schmale Streifen schneiden und mit Kokosflocken, Öl und Salz abschmecken. Den Tofu abtropfen lassen. In einer kleinen beschichteten Pfanne im heißen Öl den Tofu am Stück bei mittlerer bis hoher Hitze von beiden Seiten anbraten. Zwischendurch immer wieder mit Sojasauce beträufeln und etwa 10 Minuten braten. Etwas abkühlen lassen und in Scheiben schneiden.

Karotten-Maulbeer-Salat Die Karotten schälen und grob raspeln. Maulbeeren, Zitronensaft, Öl, Sesam und Salz zu den Karotten geben.

Anrichten Die »Pfannkuchen« auf ein Stück Butterbrotpapier legen, dünn mit Kürbispaste bestreichen und mit Bohnen, Tofu und Karottensalat der Länge nach belegen. Aufrollen und mit dem Butterbrotpapier fixieren.

Aus meinen Jahren in einem Ashram in Indien ist mir die Küche des »Meera«-Restaurants in Pune, Maharastra, unvergessen. Dort gab es jeden Tag zum Mittag- und zum Abendessen Berge von Chapatis und eine Menge veganer Speisen zum Auswählen. Daraus machte ich mir, gemütlich unter einem Baum sitzend, meine Wraps. Dies waren meine Auszeiten, um wieder Energie zu tanken für den Rest des Tages.

Burritos

mit Quinoa, Adzukibohnen und Gemüse

Für 6 Stück

Adzukibohnen:
100 g Adzukibohnen
2 EL Olivenöl
1 Prise Zimt
¼ TL Oregano
Salz

Quinoa:
100 g Quinoa
2 EL Sonnenblumenöl
Salz

Wrap-Brot:
300 g Weizenmehl (Type 550)
oder Dinkelmehl (Type 630)
75 g Dinkelvollkornmehl
Salz
4 EL Rapsöl

Gemüse:
100 g Buschbohnen
250 g Brokkoli
1 kleine rote Paprika
1 kleine rote Chili
20 g frischer Ingwer
1 Tomate
4 EL Olivenöl
20 g Ingwer
20 g frische Kurkuma
(oder ½ TL gemahlenes Pulver)
1 Msp. gemahlener
Kreuzkümmel
1 Msp. gemahlener Koriander
Salz

Tomaten-Salsa:
4 Tomaten
3 EL Olivenöl
Salz
½ Bund frischer Koriander

Adzukibohnen Die Adzukibohnen waschen und in reichlich Wasser zum Kochen bringen. Dann bei geringer Hitze etwa 30 Minuten köcheln lassen. Alle 10 Minuten einen Schuss kaltes Wasser dazugeben, damit die Bohnen nicht platzen. Die Bohnen abgießen und auskühlen lassen.

Quinoa Das Getreide gut waschen, abtropfen lassen und in einen Topf geben. 180 ml Wasser zugießen, aufkochen und mit geschlossenem Deckel 10 Minuten leise köcheln lassen. Dann vom Herd nehmen und weitere 10 Minuten quellen lassen. Öl und Salz zugeben und mit einer Gabel das Getreide auflockern.

Wrap-Brot Die zwei Mehlsorten mischen, 600 ml Wasser zugießen, leicht salzen und zu einem glatten Teig rühren. Den Teig etwa 30 Minuten ruhen lassen.

Gemüse Die Buschbohnen waschen, putzen und halbieren. Den Brokkoli putzen, waschen und in Röschen teilen. Die Bohnen in kochendem Wasser 6 Minuten blanchieren. Herausnehmen und in kaltem Wasser abschrecken. Den Brokkoli in dem Wasser 3 Minuten blanchieren.
Die Paprika putzen, waschen und in Streifen schneiden. Die Chilischote waschen und samt Kernen fein hacken. Ingwer und Kurkuma schälen und fein hacken. Die Tomaten würfeln.
Das Öl in einer Pfanne erhitzen. Paprika, Tomate, Chili, Ingwer und Kurkuma darin anbraten. Die Gewürze zugeben und alles etwa 8 Minuten weiterbraten. Die Buschbohnen und den Brokkoli dazugeben, einmal durchschwenken und vom Herd nehmen.

Salsa Die Tomaten waschen, halbieren und den Stielansatz herausschneiden. Das Fruchtfleisch fein würfeln und mit Olivenöl und Salz würzen. Den Koriander waschen, trocken tupfen, die Blättchen abzupfen, grob schneiden und unterheben. Das Wasser, das die Tomaten abgeben, mit in die Gemüsepfanne geben.

Avocadocreme:
1 Avocado
2 EL Olivenöl
Saft von ½ Mandarine
Salz

Sour Cream:
100 g Tofu
3 Acidophilus-Kapseln
und 30 ml Wasser oder
Saft von ½ Zitrone
Salz

Avocadocreme Die Avocado halbieren, entsteinen und das Fruchtfleisch mit einem Löffel herauskratzen. In eine kleine Schüssel geben. Olivenöl, Salz und Mandarinensaft dazugeben und mit einer Gabel zu einer groben Paste zerdrücken.

Sour Cream Den Tofu abtropfen lassen. Die Acidophilus-Kapseln öffnen und das Pulver zum Tofu geben. Zitronensaft oder 30 ml Wasser und Salz beifügen und alles glatt pürieren (schmeckt noch besser, wenn man es bereits am Vorabend zubereitet).

Fertigstellen Die Adzukibohnen im heißen Olivenöl mit Zimt, Oregano und Salz etwa 6 Minuten leicht anbraten. Wenn die Pfanne zu trocken wird, einen Schuss Wasser dazugeben.
Die Wraps backen: Dafür etwas Öl in einer beschichteten Pfanne erhitzen und nach und nach den Teig von jeder Seite etwa 2 Minuten zu dünnen Pfannkuchen backen. Die Pfannkuchen auf einen großen Teller legen und mit einem zweiten Teller abdecken, damit sie feucht und warm bleiben. So fortfahren, bis der Teig aufgebraucht ist.
Die Pfannkuchen jeweils auf ein Stück Butterbrotpapier legen, darauf zuerst Quinoa, Bohnen und Gemüse geben, dann Salsa, Avocadocreme und Sour Cream. Mit dem Papier zu einem Wrap wickeln. In Alufolie verpackt ideal zum Mitnehmen.

Normalerweise werden die mexikanischen Burritos mit Fleisch, Reis, Bohnen und Sauerrahm serviert. Hier eine Variante mit Quinoa, Tomatensalsa und Adzukibohnen. Natürlich kann man auch fertige Tortillas nehmen oder in den Teig etwas Polentagrieß mischen, damit sie knuspriger werden. Ein praktisches Gericht, da man einfach alles auf den Tisch stellen kann, und jeder füllt sich seine Burritos, wie er mag.
Als Teenager Anfang der Neunzigerjahre kochte ich oft auf Punk- und Hardrock-Konzerten für Bands und Crewmitglieder. Da waren Burritos die bei den amerikanischen Bands beliebteste Verpflegung, da sie sie aus Kalifornien kannten. Ein bisschen Heimat für die Weitgereisten. Ein Party-Hit, absolut.

Broodjes

Für 8 Stück

Teig:
150 g Dinkelmehl (Type 630) oder Weizenmehl (Type 550)
25 g Buchweizenmehl
1 TL Backpulver
2 EL Sonnenblumenöl
Salz

Hijiki-Karotten-Füllung::
25 g Hijiki-Algen
1 Karotte
Salz
½ Bund glatte Petersilie

Tempeh-Füllung:
200 g Tempeh
4 EL Olivenöl
50 g Erdnüsse
2 TL Tomatenmark
2 Tomaten
Salz

Außerdem:
Buchweizenmehl zum Ausrollen

Teig Die beiden Mehlsorten, Backpulver, 100 ml Wasser, Öl und Salz zu einem Teig kneten. Mit Frischhaltefolie abdecken und ruhen lassen, bis die Füllung vorbereitet ist.

Füllungen Die Hijiki-Algen in reichlich Wasser 10 Minuten einweichen. Die Karotte schälen und in sehr dünne lange Stifte schneiden. In leicht gesalzenem kochendem Wasser 1 Minute blanchieren, kalt abschrecken und abtropfen lassen. Die Petersilie waschen und grob hacken. Die Algen abgießen und mit den Karottenstiften mischen. Petersilie und Salz unterrühren, abdecken.
Den Tempeh in 2 cm lange und 1 cm breite Stifte schneiden. Das Öl in einer beschichteten Pfanne erhitzen und den Tempeh darin anbraten. Erdnüsse und Tomatenmark dazugeben und alles mit anrösten. Die Tomaten in kleine Würfel schneiden und in die Pfanne geben. Etwas salzen und 4 Minuten bei mittlerer bis hoher Hitze braten. Vom Herd nehmen und beiseitestellen.

Fertigstellen Den Backofen auf 200 Grad vorheizen. Den Teig in 8 gleich große Stücke schneiden und diese auf der mit Buchweizenmehl bestäubten Arbeitsfläche sehr dünn zu 20 x 20 cm großen Quadraten ausrollen. Die Füllungen jeweils in der Mitte daraufgeben und den Teig zusammenklappen, sodass eine Rolle entsteht. Mit einer Gabel die Enden gut andrücken und auf ein mit Backpapier belegtes Backblech legen. Den Teig mit einem Zahnstocher mehrmals einstechen, damit die Broodjes nicht aufplatzen.
Im vorgeheizten Ofen etwa 14 Minuten backen.

Diese kleinen gefüllten Brötchen stammen aus meiner Zeit in Holland. »Broodjes«, mit Seitan oder Algen gefüllt, bekommt man dort überall in Bioläden oder makrobiotischen Geschäften. Im Münchner Teehaus »Tushita« haben wir etwas Ähnliches aus veganem Tiefkühlblätterteig gemacht, mit Seitan und gebratenem Gemüse gefüllt und gebacken – ideal, wenn mal etwas übrig geblieben ist.

Hauptspeisen

Pappardelle

mit grünem Spargel und Austernpilzen

Für 4 Personen

Teig:
450 g Dinkelmehl (Type 630)
oder Weizenmehl (Type 550)
Salz

Spargel:
800 g grüner Spargel
4 EL weißer Sesam
2 EL Olivenöl
Salz

Austernpilze und Sauce:
450 g Austernpilze
400 g Räuchertofu
4 EL Olivenöl
Salz
6 EL Tamari
600 ml Sojasahne (Cresoy)
6 EL Hefeflocken (Naturata)
Pfeffer aus der Mühle

Teig Das Mehl, 220 ml Wasser und etwas Salz mischen und gut durchkneten. Mit Frischhaltefolie abgedeckt 30 Minuten ruhen lassen. Inzwischen den Spargel und die Pilze vorbereiten.

Spargel und Austernpilze Den Spargel waschen, im unteren Drittel schälen und die Enden abschneiden.
Die Austernpilze putzen, die Stielenden abschneiden, hacken und für die Sauce beiseitelegen. Den Tofu in kleine Würfel schneiden.

Nudeln herstellen Den Teig vierteln und auf der größten Stufe durch die Nudelmaschine drehen. Die Arbeitsfläche leicht mit Mehl bestäuben und den Teig so oft durch die Maschine drehen, wieder zusammenfalten und erneut durchdrehen, bis er nicht mehr reißt und ganz glatt ist. Ein letztes Mal den Teig auf der mittleren Stufe durch die Maschine drehen, leicht bemehlt zusammenlegen und mit einem Messer in 2 cm breite Nudeln schneiden.
Einen Topf gesalzenes Wasser zum Kochen bringen. Die Nudeln portionsweise locker mit beiden Händen von der Arbeitsfläche nehmen und im kochenden Wasser 2 Minuten kochen lassen. Mit einer Spaghettizange herausheben und kurz in kaltem Wasser abschrecken. Den Vorgang wiederholen, bis alle Nudeln gegart sind.

Fertigstellen Den Sesam in einer Pfanne goldbraun rösten, sofort auf einen Teller geben.
Den Spargel im Nudelkochwasser 6 Minuten blanchieren, dann in kaltem Wasser abschrecken. Den Spargel auf einen großen Teller legen, mit Olivenöl und Salz würzen und mit Sesam bestreuen.
Die Pilze in 3 EL heißem Öl auf der Hautseite anbraten und mit Salz würzen. Herausnehmen. Die gehackten Pilzabschnitte im restlichen Öl anbraten. Den Tofu zugeben und anbraten. Mit Tamari ablöschen und bei mittlerer Hitze dünsten, bis die Sojasauce verdampft ist. Mit Sojasahne ablöschen, mit Hefeflocken, Salz und Pfeffer würzen und sofort vom Herd nehmen.

Anrichten Die Nudeln kurz in der heißen Sauce schwenken. Mit einer Spaghettizange auf vier Teller verteilen. Die Sauce und die Pilze darauf anrichten. Den Spargel darüberlegen und sofort servieren.

Tipp Wer keine Nudelmaschine hat, rollt den Teig auf bemehlter Arbeitsfläche mit einem Nudelholz sehr dünn aus. Dann den Teig noch einmal mit Mehl bestäuben, der Länge nach zusammenfalten und in breite Streifen schneiden. Leicht aufgelockert in das kochende Wasser geben und wie im Rezept beschrieben garen. Für größere Mengen empfiehlt sich in jedem Fall die Anschaffung einer Nudelmaschine, da dies wesentlich einfacher ist.

Tagliatelle, mit einfachem Mehl statt Hartweizengrieß zubereitet, gehen auch wunderbar. Dazu Adriano Celentano mit seinem Hit »Azzurro« auflegen und ab in die Küche! Bella Italia, italienische Lebensart, der Geschmack von frischer Pasta und sonnenreif geerntetem gegrilltem Gemüse, dazu ein Gläschen Chianti. Es leben die achtziger Jahre!

Panzerotti

mit Tomaten-Thaibasilikum-Salat

Für 4 Personen

Nudelteig:
200 g Dinkelvollkornmehl
Salz

Pilzfüllung:
6 frische Shiitakepilze
5 braune Champignons (Egerlinge)
3 EL Olivenöl
150 g Tofu
Salz
1 Zweig Rosmarin
1 Zweig Oregano
70 g gemahlene Mandeln
Salz

Tomaten-Thaibasilikum-Salat:
6 Eiertomaten
1 Bund Thaibasilikum
40 g Kokosflocken
3 EL Sonnenblumenöl
Salz

Nudelteig Das Mehl, 100 ml Wasser und etwas Salz zu einem festen Teig verkneten. Mit Frischhaltefolie abgedeckt etwa 30 Minuten ruhen lassen.

Pilzfüllung Von den Shiitakepilzen die Stiele entfernen und die Kappen in feine Streifen schneiden. Die Champignons putzen und in dünne Scheiben schneiden. Das Öl erhitzen und die Pilze darin anbraten. Den Tofu darüberbröseln. Mit Salz und gehackten Kräutern würzen und etwa 8 Minuten garen. Die Füllung vom Herd nehmen und mit gemahlenen Mandeln binden.

Tomaten-Thaibasilikum-Salat Die Tomaten waschen, halbieren und in Scheiben schneiden. Das Basilikum waschen, und die Blättchen abzupfen. Tomaten, Basilikum, Kokosflocken, Öl und Salz einer Schüssel locker vermischen.

Nudeln fertigstellen Die Arbeitsfläche und ein mit Backpapier belegtes Blech bemehlen. Den Teig dritteln und jedes Teigstück zuerst auf der größten Stufe durch die Nudelmaschine drehen, den Teig falten und erneut durch die Maschine drehen, bis der Teig weich und geschmeidig ist. Dann zwei bis drei Stufen dünner stellen und den Teig erneut durchdrehen. Die Nudelplatten auf die Arbeitsfläche legen. Mit einem großen runden Ausstecher oder einem Glas (von 6 cm Durchmesser) Kreise ausstechen. Jeweils etwas Füllung in der Mitte daraufgeben, den Teig darüber zusammenklappen und die Ränder mit den Fingern fest zusammendrücken.
Die Panzerotti in kochendem gesalzenem Wasser 2 Minuten köcheln lassen. Herausheben, abtropfen lassen, mit etwas Öl vermischen und auf dem Tomatensalat anrichten.

»Italia meets Thailand«, und das auch noch in Vollkorn. Fertig gekaufte Vollkornnudeln sind geschmacklich und in der Konsistenz oft nicht sehr überzeugend und für viele gewöhnungsbedürftig, aber selbst gemacht schmecken sie wirklich gut. Und mit einer Nudelmaschine dauert das auch nicht lange. Selbst im »Zerwirk Restaurant«, wo wir für hundert Sitzplätze nur zwei Köche waren, haben wir alle Ravioli, Mezzelune und Panzerotti selbst gemacht. Wir waren ein eingespieltes Team, unterstützt von Hidjran, unserem Spüler, der unglaublich flink und effizient uns Köchen zwischendurch die Töpfe vom Herd klaute und sie wieder sauber hinstellte. Er hat tonnenweise Kartoffeln, Karotten, Rüben und Topinambur für uns geschält. Hidjran war der eigentliche Star des »Zerwirk Restaurants«. Er hat mich immer inspiriert, alles zu geben und gleichzeitig das Leben zu genießen.

Spaghetti
mit Peperonata und Auberginengemüse

Für 4 Personen

Spaghetti:
225 g Weizenmehl (Type 550)
oder Dinkelmehl (Type 630)
Salz

Auberginen:
2 Auberginen
6 EL Olivenöl
½ getrockneter Oregano
Salz
8 Tomaten

Peperonata:
3 rote Paprika
2 gelbe Paprika
4 Tomaten
2 EL Olivenöl
Salz
1 Orange
1 Bund Basilikum
2 EL Hefeflocken

Bohnensalat:
400 g Buschbohnen
4 EL Weißweinessig
4 EL Olivenöl
Salz, Pfeffer aus der Mühle

Nudelteig Das Mehl, 110 ml Wasser und Salz zu einem Nudelteig verkneten. Mit Frischhaltefolie abgedeckt ruhen lassen, bis alles vorbereitet ist.

Auberginen Die Auberginen putzen, waschen und in 2 cm dicke Scheiben schneiden. Diese, mit einem Gewicht beschwert, 5 Minuten in kaltes Wasser legen, damit sie sich mit Wasser vollsaugen können. Herausnehmen und gut trocken tupfen. Anschließend die Auberginenscheiben in einer Pfanne in 3 EL heißem Öl etwa 5 Minuten von beiden Seiten braten. Die Auberginen in eine Auflaufform geben und mit Oregano, Salz und einigen Tropfen Olivenöl würzen.
Die Tomaten in 2 cm dicke Scheiben schneiden und in der Pfanne im restlichen Olivenöl andünsten. Auf die Auberginen legen. Noch einmal mit Salz, Oregano und einem Schuss Olivenöl würzen. Alles leicht vermengen und in eine Auflaufform geben.

Peperonata Die Paprikaschoten waschen, halbieren, entkernen, und grob schneiden. Die Tomaten waschen halbieren, den Stielansatz herausschneiden und die Tomaten grob schneiden. Das Gemüse in etwas heißem Öl anbraten, salzen und zugedeckt bei mittlerer Hitze 15 Minuten köcheln lassen. Das Gemüse mit dem Pürierstab grob pürieren. Das Basilikum waschen und die Blätter abzupfen. Das Gemüse mit Orangensaft, Basilikumblättern und Hefeflocken würzen und warm stellen.

Bohnensalat Die Buschbohnen putzen, waschen und in kochendem gesalzenem Wasser etwa 8 Minuten weich kochen. Mit einer Schaumkelle herausnehmen und in kaltem Wasser abschrecken. Abtropfen lassen und in eine Schüssel geben. Essig, Öl, Salz und Pfeffer verrühren und mit den Bohnen mischen.

Spaghetti fertigstellen und anrichten
Den Teig halbieren und die beiden Teigstücke zuerst auf großer Stufe durch die Nudelmaschine drehen. Die Nudelplatte zusammenfalten und wiederholen, bis der Teig weich ist. Dann die Nudelplatten auf dünnerer Stufe nochmals durchdrehen, und ein letztes Mal durch den Spaghettischneider drehen.
Inzwischen den Backofen auf 180 Grad vorheizen und die Auberginen 8 bis 10 Minuten erhitzen und bräunen. Die Peperonata bei geringer Hitze erwärmen.
Die Nudeln portionsweise jeweils 2 Minuten in kochendem Salzwasser garen. Herausnehmen, in kaltem Wasser abschrecken, in eine Schüssel geben und mit einem guten Schuss Öl vermischen.
Die Hälfte der Peperonata auf die Spaghetti geben und kräftig durchrühren. Die Nudeln auf großen Tellern anrichten. Den Auberginenauflauf und den Bohnensalat dazu anrichten. Mit Pfeffer aus der Mühle würzen und sofort heiß servieren.

Früher musste man Auberginen immer erst einsalzen und anschließend abspülen, um ihnen die Bitterstoffe zu entziehen. Dann wurden sie in viel Öl ausgebacken oder frittiert. Statt der öltriefenden Antipasti-Variante begann ich die Auberginen im Kombidämpfer trocken, auf Gitterblechen bei hoher Temperatur und recht viel Dampf zu garen (im Haushalt geht es auch über einem Wasserbad). Dadurch nehmen sie beim anschließenden Braten nicht so viel Öl auf. Wunderbar! Die Sauce dazu ist ein Kracher.

Lila Tagliatelle

mit Pak Choi und roher Tomatensauce

Für 4 Personen

Hartweizen-Nudelteig:
250 ml Hartweizengrieß (siehe Tipp)
10 g Lila-Mais-Pulver (Purple Corn)
1 EL Olivenöl

Rohe Tomatensauce:
6 Eiertomaten
120 ml Olivenöl
3 EL Hefeflocken
1 TL Oregano
Salz

Pak Choi:
6 kleine Köpfe Pak Choi
2 EL Sonnenblumenöl
50 g Ingwer
Salz

Hartweizen-Nudelteig Mehl, Maispulver, Öl und 125 ml Wasser verkneten. Den Teig mit Frischhaltefolie abgedeckt ruhen lassen, bis alles vorbereitet ist. Den Teig halbieren und die beiden Teigstücke mit der Nudelmaschine zuerst auf großer Stufe durchdrehen, wieder zusammenfalten, erneut durchdrehen und wiederholen, bis der Teig nicht mehr reißt. Zum Schluss den Teig auf dünnerer Stufe durchdrehen, mit etwas Hartweizenmehl bestreuen und locker zusammenfalten. Mit einem Messer in etwa 7 mm breite Tagliatelle schneiden. Inzwischen das Nudelwasser mit Salz zum Kochen bringen.

Rohe Tomatensauce Die Tomaten waschen, halbieren und den Strunk entfernen. Alle Zutaten in den Mixer geben und auf höchster Stufe glatt pürieren. Die Sauce durch ein feines Sieb passieren und noch einmal mit Salz abschmecken. (Beim Pürieren im Hochgeschwindigkeitsmixer entfällt das Passieren.)

Pak Choi Den Pak Choi halbieren und in einer Pfanne mit der Schnittseite nach unten im heißen Öl anbraten. Den Ingwer schälen, auf einer feinen Reibe raspeln und den Ingwersaft über den Pak Choi träufeln. Leicht salzen und den Pak Choi zugedeckt 3 Minuten dünsten, wenden und weitere 3 Minuten zugedeckt garen.

Nudeln kochen und anrichten Die Nudeln in leicht siedendes, gesalzenes Wasser geben und 2–3 Minuten im heißen Wasser ziehen lassen. Mit einer Schaumkelle und einer Nudelzange herausheben, auf vorgewärmten Tellern anrichten und einen Schuss Olivenöl darüberträufeln. Mit Tomatensauce übergießen, aber nur mit so viel, dass die lila Nudeln noch gut zu sehen sind. Das Gemüse dazulegen und etwas Pfeffer darübermahlen.

Tipp Wer sich glutenfrei ernähren möchte, kann auch einen Nudelteig aus Buchweizenmehl zubereiten. Dies ist aber etwas für Geduldige und Fortgeschrittene, da der Teig sehr leicht brechen kann. Und so geht es: 250 g Buchweizenmehl, 10 g lila Maispulver, 1 EL Olivenöl und 150 ml Wasser zu einem weichen Teig verkneten. 5–10 Minuten kneten, dann mit Frischhaltefolie abgedeckt über Nacht kühl stellen. Am nächsten Tag den Teig 1 Stunde vor der Zubereitung aus dem Kühlschrank nehmen und Zimmertemperatur annehmen lassen. Die Arbeitsfläche mit Buchweizen bestreuen. Den Teig erneut von Hand durchkneten, dann mit dem Nudelholz sehr dünn ausrollen und mit einem Messer in etwa 7 mm breite Tagliatelle schneiden. Inzwischen das Nudelwasser mit Salz zum Kochen bringen und die Nudeln wie oben beschrieben garen.

(siehe oben)

Lila Maismehl stammt von einer speziellen Maissorte (Lila-Mais oder Purpur-Mais), die einen hohen Anteil an natürlichen Inhaltsstoffen aufweist, die auch für die schöne Farbe sorgen. Mit der Farbe Lila wird der Regenbogen komplett – was für eine Freude für die Augen und für das Herz! Es ist mir ein Anliegen, natürliche Zutaten, die wenig verbreitet sind, bekannt zu machen. Dadurch wird die Nahrungspalette größer und abwechslungsreicher.

Spinat-Cannelloni

Für 4 Personen

Cashewkäse:
100 g Cashewkerne, über Nacht in kaltem Wasser eingeweicht
2 EL Hefeflocken
Salz

Nudelteig:
160 g Weizenmehl (Type 550)
15 ml Sonnenblumenöl
Salz

Spinatfüllung und Sauce:
1 kg frischer Spinat
200 g Tofu
½ TL Muskatnuss, frisch gemahlen

2 EL pflanzliche Margarine (Alsan)
2 EL Weizenmehl (Type 550)
500 ml Sojamilch natur

Außerdem:
4 Tomaten
2 EL Olivenöl
Pfeffer aus der Mühle

Cashewkäse Die Cashewkerne abgießen und mit Hefeflocken und etwas Salz pürieren.

Nudelteig Das Mehl, das Öl, 70 ml Wasser und Salz zu einem festen Teig verkneten. Mit Frischhaltefolie abgedeckt ruhen lassen, bis alles vorbereitet ist.

Spinatfüllung und Sauce Inzwischen den Spinat putzen, waschen und gut abtropfen lassen. Den Spinat in kochendem, gesalzenem Wasser 30 Sekunden blanchieren und in kaltem Wasser abschrecken. Mit den Händen gut auspressen und grob schneiden. Den Spinat in eine Schüssel geben und den zerbröselten Tofu untermischen. Mit Muskatnuss und Salz würzen.
Die Margarine schmelzen und das Mehl darin anschwitzen. Die Sojamilch unter Rühren zugießen, einmal aufkochen lassen und mit Salz abschmecken.
Die Tomaten waschen, in dicke Scheiben schneiden und im heißen Öl 1 Minute anbraten. Pfeffern.

Fertigstellen Den Backofen auf 220 Grad vorheizen. Den Nudelteig vierteln und die Teigstücke zuerst auf der größten Stufe durch die Nudelmaschine drehen. Den Teig wieder zusammenfalten und wieder durch die Maschine drehen. Dies wiederholen, bis der Teig geschmeidig ist und gut zusammenhält. Dann die Nudelbahnen noch einmal auf mittlerer Stufe durchdrehen und auf die bemehlte Arbeitsfläche legen. Die vier Nudelteigflächen jeweils mit einem Viertel der Spinat-Tofu-Füllung belegen und längs aufrollen. Mit einem Messer die Rolle in gleichmäßig große Stücke schneiden und aufgerichtet in eine gefettete Auflaufform stellen.
Die Sauce um und wenig auch auf die Cannelloni verteilen und mit Tomatenscheiben belegen. Zum Schluss den Cashewkäse darüberbröseln. Die Cannelloni im vorgeheizten Ofen 20 Minuten goldbraun backen.

Tipp Sie können auch fertige Cannelloni verwenden. Dann die Füllung mit einem Spritzbeutel hineinspritzen und die Cannelloni wie im Rezept beschrieben überbacken. Die Füllung reicht für 12–16 Stück.

Wieder mal eine Idee von Fotograf und Foodstylist Oliver. Cannelloni standen auf dem Programm, und auf seinen Rat hin stellte ich sie hochkant in die Auflaufform. So sieht man etwas von ihrem tollen Innenleben. Resultat einer wunderschönen, liebevollen Zusammenarbeit. Italy deluxe.

Couscous Africain

Für 4 Personen

Gemüsecurry:
20 kleine Tomaten
3 vorwiegend festkochende Kartoffeln
3 Karotten
1 Maiskolben
2 kleine Paprika
3 EL Olivenöl
½ TL gemahlener Cumin
½ TL Koriandersamen
1 getrocknete Chilischote
30 g frischer Ingwer
2 Staudenselleriestangen
125 g Brokkoli

Couscous:
250 g Couscous
20 g frische Kurkuma (oder ½ TL gemahlenes Pulver)
Salz
1 EL pflanzliche Margarine (Alsan)

Gemüsecurry Die Tomaten waschen und vierteln. Kartoffeln und Karotten schälen und in sehr grobe Stücke schneiden. Von dem Maiskolben die Blätter und Fäden abziehen, den Maiskolben erst in dicke Scheiben schneiden, dann diese vierteln. Die Paprika putzen, waschen und in grobe Stücke schneiden.
Das Öl erhitzen. Die Tomaten, Cumin, Koriander und die zerbröselte Chilischote zugeben und langsam anbraten. Den Ingwer schälen und dazureiben oder fein hacken und beigeben. Kartoffeln, Karotten, Mais und Paprika dazugeben und alles bei geringer Hitze etwa 15 Minuten köcheln lassen.
Den Staudensellerie putzen, waschen und samt Blättern in dünne Streifen schneiden (einige Blätter für die Garnitur beiseitelegen). Den Brokkoli putzen, waschen und in kleine Röschen teilen. Sellerie und Brokkoli in das Curry geben, mit Salz abschmecken und weitere 4 Minuten ziehen lassen.

Couscous Inzwischen den Couscous in eine große Metallschüssel geben, mit Kurkuma, Salz und Margarine vermengen. Wasser zum Kochen bringen und so viel kochendes Wasser über den Couscous gießen, dass er gerade bedeckt ist. Den Couscous zugedeckt an einem warmen Platz 10 Minuten quellen lassen. Den Couscous mit einer Gabel auflockern. Er soll jetzt trocken wirken. Den Couscous bis zum Servieren zugedeckt warm halten. Zum Servieren die Gemüsesauce in einem großen Suppenteller oder einer Schüssel anrichten und mit Sellerieblättern garnieren. Den Couscous in einer Schüssel separat dazu reichen.

Nordafrika hat mich schon als kleiner Junge begeistert. Als Elfjähriger hatte ich das Glück, mit meiner Familie auf ein großes Abenteuer zu gehen: Wir fuhren in den Sommerferien mit dem Jeep durch ganz Italien bis nach Tunesien und tief in die Sahara. In der Wüste angekommen, ist mir das Herz aufgegangen. Hier habe ich mich sicher und geborgen gefühlt, trotz Einöde und Abgeschiedenheit von der Zivilisation. Der ewig blaue Himmel und die roten Sanddünen haben mir eine Freiheit und eine Gottespräsenz vermittelt, die über alle Kulturen und Religionen hinausging. Ein Vertrauen ins Leben. Und was isst man in Tunesien? Klar, Couscous Africain. Ein rotes Curry, wenn es der Geldbeutel zulässt, mit Fleisch, sonst zu meinem Glück vegan, nur mit Gemüse. Der Couscous selbst befindet sich in einem gelochten Aufsatz über dem Curry und wird im aufsteigenden Dampf gegart. Ein fantastisches Essen, das in ganz Nordafrika Tradition hat.

Auberginenragout

mit Polenta und Linsensalat

Für 4 Personen

Polenta:
150 g Polentagrieß
Salz

Linsensalat:
60 g braune Tellerlinsen
½ Bund glatte Petersilie
8 Basilikumblätter
2 EL Olivenöl
2 EL Weißweinessig
Salz

Auberginenragout:
2 Auberginen
2 Karotten
4 EL Olivenöl
Salz
1 Dose gestückelte Tomaten (330 ml)
1 EL Tomatenmark
1 TL getrockneter Oregano
100 g schwarze Oliven, entsteint
60 g Kapern

Gurken-Minze-Salat:
½ Schlangengurke
Salz
1 Schuss Zitronensaft
1 Zweig Minze
2 EL Sonnenblumenöl

Polenta Die Polenta mit einem Schneebesen in 1,2 l kaltes Wasser einrühren und unter Rühren aufkochen. Salzen. Dann bei sehr geringer Hitze etwa 1 Stunde garen, zwischendurch immer wieder mit einem Holzlöffel umrühren.

Linsensalat Inzwischen die Linsen in einem kleinen Topf mit reichlich Wasser bei mittlerer Hitze 12–15 Minuten gar kochen. Abgießen, kurz abschrecken und gut abtropfen lassen, dann wieder in den Topf geben. Die Kräuter waschen und hacken. Kräuter, Olivenöl, Essig und Salz unter die Linsen mischen und im geschlossenen Topf warm stellen.

Auberginenragout Die Auberginen putzen, waschen und in 2 cm dicke Scheiben schneiden. Die Karotten schälen und der Länge nach vierteln, dann die Viertel halbieren. Beide Gemüsesorten im heißen Öl 3–4 Minuten andünsten. Salzen, die Dosentomaten dazugeben und das Tomatenmark einrühren. Alles 15 Minuten einköcheln lassen. Mit Oregano würzen. Oliven und Kapern unterheben. Mit Salz abschmecken.

Gurken-Minze-Salat Die Gurke mit Salz abreiben und der Länge nach halbieren. Die Kerne mit einem kleinen Löffel auskratzen und die Gurkenhälften in feine Halbmonde schneiden. Die Gurkenscheiben mit Zitronensaft, ganzen Minzeblättern, Öl und Salz abschmecken.

Polenta ist wohl die Beilage, die bei uns am wenigsten Begeisterungsstürme auslöst. In Italien dagegen ist Polenta in verschiedenen Regionen so verbreitet, dass sie kalt anstelle von Brot gegessen wird. Im erkalteten Zustand kann man sie gut schneiden und wunderbar in der Pfanne braten. Wichtig: 5-Minuten-Polenta schmeckt nicht; besser die lang kochende Sorte verwenden und eine Stunde lang immer wieder genüsslich rühren und in ausreichend Wasser garen. So wird sie schön sämig und weich. Gut Ding will Weile haben, das zeigt sich bei der Polenta besonders gut.

Kokos-Tamarinden-Curry

mit Buchweizen

Für 4 Personen

Kokos-Tamarinden-Curry:
50 g Kichererbsen, über Nacht in kaltem Wasser eingeweicht
600 ml Kokosmilch
90 g Tamarindenpaste (oder 15 Schoten)
Salz
Saft von 2 Zitronen
½ Hokkaidokürbis
¼ Blumenkohl
2 kleine Zucchini

Buchweizen:
200 g Buchweizen
6 Kardamomkapseln
2 EL Sesamöl
2 EL Tamari (Sojasauce)

Außerdem:
5 Blätter Radicchio
1 Bund glatte Petersilie

Kokos-Tamarinden-Curry Die Kichererbsen abgießen und in einem Topf mit frischem Wasser bedeckt gut 2 Stunden gar kochen. Die Kokosmilch erhitzen und die Tamarindenpaste oder das Fruchtfleisch der geschälten und entkernten Tamarinden dazugeben. Mit Salz und Zitronensaft würzen, pürieren und langsam zum Kochen bringen. Den Kürbis waschen, mit einem Löffel entkernen, in grobe Würfel schneiden. Den Blumenkohl waschen und in Röschen teilen. Die Zucchini putzen, waschen und in ½ cm dicke Scheiben schneiden. Kürbis, Blumenkohl und Zucchini in die Kokosmilch geben und 10 Minuten köcheln lassen.

Buchweizen Den Buchweizen gut waschen und abtropfen lassen. Den Buchweizen mit 280 ml Wasser und den Kardamomkapseln zum Kochen bringen und etwa 10 Minuten kochen lassen. Vom Herd nehmen und zugedeckt weitere 10 Minuten quellen lassen. Den Buchweizen in einer großen Schüssel ausdampfen lassen. Das Öl in einer beschichteten Pfanne erhitzen den aufgelockerten Buchweizen darin anbraten und mit Tamari ablöschen. Einige Zeit in der Pfanne schwenken, bis der Buchweizen schön angeröstet ist.

Fertigstellen Die Kichererbsen abgießen und in das Curry geben. Die Zucchini beifügen und den Herd ausschalten. Noch einmal mit Salz abschmecken.

Anrichten Die Radicchioblätter fein schneiden. Die Petersilie waschen und hacken. Beides über das Curry streuen. Den Buchweizen in eine separate Schüssel geben und zum Curry reichen.

Die Sauce schmeckt auch wunderbar als Dip oder leichte Sauce zu Gemüse. Einfach Tamarinde mit Kokosmilch und Zitrone pürieren. Genial! Bei der Zubereitung von Buchweizen ist die richtige Menge Wasser sowie die richtige Koch- und Quellzeit entscheidend. Vor dem Servieren auf jeden Fall noch einmal auflockern und mit Sojasauce anbraten. Die Farbe wird schöner, die einzelnen Körnchen bleiben getrennt, sind leicht knusprig und schmecken nussig.

The Last Summer

Masala Dosa

mit Okra-Curry

Für 4 Personen

Dosa (Pfannkuchen):
100 g Urid Dal (weiße Linsen) oder gelbe Orient-Linsen, über Nacht in kaltem Wasser eingeweicht
100 g Basmatireis, über Nacht in kaltem Wasser eingeweicht
4 EL Öl zum Braten

Kartoffel-Gemüse-Füllung:
200 g frische Erbsen mit Schale
1 vorwiegend festkochende Kartoffel
1 kleines Stück (5 g) Ingwer
1 kleines Stück (5 g) frische Kurkuma
150 g Aubergine
2 EL Sonnenblumenöl
¼ TL Senfsamen
¼ TL Kreuzkümmel
¼ TL Koriandersamen
Salz

Okra-Curry:
100 g Okraschoten
4 EL Weißwein- oder Apfelessig
3 frische Tomaten
1 kleine gelbe Paprika
1 kleine Karotte
1 Stück Ingwer
Salz
2 Kardamomkapseln
½ Zimtstange

Kokosnuss-Chutney:
30 g Ingwer
40 g Kokosflocken
je 1 TL schwarze und gelbe Senfsamen
300 ml Kokosmilch
Saft von ½ Zitrone
Salz

Dosa Die Linsen und den Reis abgießen. Die Linsen mit 160 ml Wasser fein pürieren. Den Reis mit 180 ml Wasser glatt pürieren. Die beiden Massen miteinander verrühren und mindestens 2 Stunden an einem warmen Ort luftdicht abgedeckt gären lassen.

Kartoffel-Gemüse-Füllung Die Erbsen aus den Schalen lösen. Die Kartoffel schälen und in 1 cm große Würfel schneiden. Ingwer und Kurkuma schälen und hacken. Die Aubergine putzen und in kleine Würfel schneiden. Das Öl erhitzen, das vorbereitete Gemüse und die Gewürze anbraten. Salzen, 50 ml Wasser zugeben und das Gemüse bei geringer Hitze zugedeckt 15 Minuten gar kochen. Zwischendurch umrühren. Abschmecken und ausdampfen lassen.

Okra-Curry Die Okraschoten waschen und in Essigwasser 20 Minuten einweichen lassen. Die Tomaten in 2 cm große Würfel schneiden. Die Paprika halbieren, entkernen und in 1 cm breite Streifen schneiden. Die Karotte schälen und in ½ cm große Würfel schneiden. Den Ingwer schälen und hacken. Die Tomaten in einem kleinen Topf andünsten. Die Okraschoten abgießen und zusammen mit dem vorbereiteten Gemüse zugeben und andünsten. Salzen, die Kardamomkapseln und die Zimtstange zugeben und 8 Minuten im offenen Topf köcheln lassen. Zum Schluss noch einmal abschmecken und beiseitestellen. Nach Wunsch die Kardamomkapseln und Zimtstange entfernen.

Kokosnuss-Chutney Den Ingwer schälen und hacken. Die Kokosflocken und die Senfsamen in einem kleinen Topf bei mittlerer Hitze 2 Minuten anrösten. Mit der Kokosmilch ablöschen und mit Zitronensaft und Ingwer würzen. Salzen und 8 Minuten bei ganz kleiner Hitze köcheln lassen.

Fertigstellen In einer großen beschichteten Pfanne etwas Öl erhitzen, jeweils eine Schöpfkelle Dosateig (er soll schön flüssig sein, eventuell noch etwas Wasser nachgießen) auf dem Pfannenboden verteilen und schnell verlaufen lassen. Die Hitze erhöhen, in die Mitte des (nur von unten gebackenen) Pfannkuchens drei Esslöffel Füllung geben, und sobald der Pfannkuchen eine schöne Farbe bekommen hat, die Ränder in die Mitte klappen und überlappen lassen. Die Pfannkuchen auf Teller heben und mit dem Okra-Curry und dem Kokosnuss-Chutney anrichten. Auf diese Weise 8 Pfannkuchen ausbacken.

Meine Liebe zu Indien ist unermesslich. Das Land, in dem Yoga geboren wurde und Buddhas Füsse irdischen Boden betraten, Ursprung der wohl ältesten Religionen und der Philosophie. Hier fahren Ferraris neben Pferdeheuwagen, blockieren Kühe an Plastikflaschen kauend Kreuzungen. Die Gegensätze lassen sich mit dem Verstand kaum begreifen, man kann und muss sie einfach leben und erleben. In Südindien sind Masala Dosa etwa dasselbe wie für einen Bayern Weißbier und Brezn. Es gibt sie überall, und sie schmecken einmalig. Der Teig wird auf dem Boden von riesigen runden flachen Pfannen (ähnlich einer Crêpepfanne) ausgestrichen, mit dem leckeren Kartoffel-Erbsen-Gemisch gefüllt, zusammengeklappt und dem Käufer in die Hand gedrückt. Hier die Haushaltsversion davon.

ragwear

Indischer Blumenkohl

mit Parathas und Melonen-Chutney

Für 4 Personen

Parathas:
1 Zucchini
Salz
1 Bund glatte Petersilie
200 g Dinkelmehl (Type 630)
Salz
Buchweizenmehl zum Ausrollen
pflanzliche Margarine (Alsan) zum Ausbacken

Alu Gobi (Kartoffel-Blumenkohl-Curry):
500 g vorwiegend festkochende Kartoffeln
1 Karotte
4 EL Sonnenblumenöl
½ TL Koriandersamen
½ TL gemahlener Kardamom
100 g gelbe Linsen
20 g Ingwer
20 g frische Kurkuma
4 EL Sonnenblumenöl
300 g Blumenkohl
1 kleine rote Paprika
3 Tomaten
Salz

Melonen-Chutney:
½ Honigmelone
1 EL Apfelessig
4 EL Agavendicksaft
Salz
30 g Ingwer
1 kleine grüne Chilischote

Parathas Die Zucchini waschen und grob reiben und salzen. Die Petersilie waschen, grob schneiden und zu den Zucchini geben. Das Mehl, 130 ml Wasser und etwas Salz mischen und glatt kneten. Einige Minuten weiterkneten, bis der Teig weich und zart ist. Mit Frischhaltefolie abgedeckt 30 Minuten ruhen lassen.
Die Zucchini mit den Händen so kräftig wie möglich ausdrücken; das Wasser wegschütten. Den Teig in 6 Stücke teilen und mit bemehlten Händen zu kleinen Kugeln formen. Jeweils eine Mulde hineindrücken, ein Sechstel der Zucchinimasse hineingeben und die Teigkugel wieder schließen. Mit den Fingern gut zusammendrücken. Auf einer bemehlten Fläche die Kugeln mit den Händen vorsichtig flach drücken; dabei soll keine Zucchinimasse an die Oberfläche kommen oder austreten. Zum Schluss noch einmal mit einem Nudelholz leicht ausrollen.
In einer beschichteten Pfanne die Parathas in heißer Margarine bei mittlerer Hitze von beiden Seiten 5 Minuten ausbacken. Die fertigen Brote mit Alufolie bedecken, damit sie nicht austrocknen und warm bleiben.

Alu Gobi Inzwischen die Kartoffeln und die Karotte schälen und in kleine Würfel schneiden. In einem mittleren Topf das Gemüse im heißen Öl mit den Gewürzen anbraten. Die gelben Linsen dazugeben und bei kleiner Hitze leicht anbraten. Ingwer und Kurkuma schälen, klein schneiden und zugeben. Den Blumenkohl in Röschen teilen und zusammen mit einer Tasse Wasser in den Topf geben und zugedeckt etwa 7 Minuten garen lassen. Die Paprika halbieren, entkernen, in feine Streifen schneiden und während der letzten 5 Minuten mitgaren. Die Tomaten halbieren, den Stielansatz herausschneiden und das Fruchtfleisch klein würfeln. Unter das Linsengemüse heben und alles mit Salz abschmecken.

Melonen-Chutney Die Melone schälen, entkernen und in dünne Halbmonde schneiden. Melone, Apfelessig und Agavendicksaft in einem Topf bei hoher Hitze ankochen. Sobald ein bisschen Dampf entsteht, leicht salzen, den Topf vom Herd nehmen und zudecken (durch die Hitze im Topf gart die Melone perfekt und verkocht nicht). Den Ingwer schälen und direkt ins Chutney reiben. Die Chilischoten halbieren, entkernen und sehr fein schneiden. In das Chutney geben.

Anrichten Das Curry in einen tiefen Teller geben, das Chutney dazugeben und mit den Parathas essen. In Indien wird dafür kein Besteck benötigt, einfach mit einem Stück Brot das Curry aufnehmen und ab in den Mund. Es braucht vielleicht ein bisschen Übung, schmeckt so aber noch besser.

Während einer langen Zugfahrt durch Indien klapperte einmal pro Stunde ein fliegender Händler die überfüllten Gänge ab und verkaufte Chai-Tee und Essen. Da gab es allerhand Kurioses. Am besten schmeckte auf einem Stück Zeitungspapier als Teller ein Stapel Chapatis und darauf eine Kelle trockenes Gemüse. Oder einfach: »Same same but different.« In Indien ist alles möglich. »Sab kuch milega he.«

Thai-Curry
mit Jasminreis und Tofu

Für 4 Personen

Jasminreis:
200 g Jasminreis
4 EL geröstetes Sesamöl
Salz

Currypaste:
30 g Ingwer
6 Stängel Zitronengras
10 Kaffirlimettenblätter
Saft von 2 Zitronen
Salz
½ Bund frischer Koriander
½ Bund Thai-Basilikum (oder italienischer Basilikum)

Curry:
3 Karotten
1 Süßkartoffel
1 rote Paprika
120 g Zuckerschoten
¼ Blumenkohl
¼ Chinakohl
600 ml Kokosmilch
Salz
200 g Tofu
2 EL Sonnenblumenöl
50 g Mungosprossen
50 g Sojasprossen

Jasminreis Den Reis gut waschen, bis keine Stärke mehr aus dem Reis abläuft, gut abtropfen lassen. Den Reis mit 320 ml Wasser zum Kochen bringen und 10 Minuten kochen lassen. Vom Herd nehmen und zugedeckt 10 Minuten quellen lassen. Den Deckel abnehmen und den Reis mit Sesamöl und Salz würzen und lockern.

Currypaste Den Ingwer schälen und mit den restlichen Zutaten (außer den Kräutern) und 50 ml Wasser im Mixer fein zerkleinern. Die Kräuter dazugeben und noch einmal kurz pürieren.

Curry Die Karotten schälen und in dünne Scheiben schneiden. Die Süßkartoffel schälen und in dünne Stifte schneiden. Die Paprika putzen, waschen und in feine Längsstreifen schneiden. Die Zuckerschoten entfädeln. Den Blumenkohl in kleine Röschen teilen. Den Chinakohl in Streifen schneiden.
In einem mittleren Topf die Kokosmilch erhitzen. Das vorbereitete Gemüse (außer Chinakohl) und die Currypaste in die kochende Kokosmilch geben. Das Curry einmal kurz aufkochen lassen, dann den Chinakohl unterheben. Von der Herdplatte nehmen und mit Salz abschmecken.
Den Tofu in flache, große Scheiben schneiden und in einer beschichteten Pfanne im heißen Öl von beiden Seiten anbraten und leicht salzen. Dann den Tofu bei geringer Hitze schön knusprig werden lassen.

Zum Servieren den Reis in eine separate Schüssel geben. Das Curry in einen tiefen Teller oder eine flache Schüssel geben, den Tofu seitlich in das Curry legen und mit Sprossen garnieren.

In der thailändischen Küche werden ausschließlich frische Kräuter und Gewürze benutzt, wodurch die Gerichte einmalig frisch, knackig und geschmackvoll sind. Wenn man sie sich selber kocht und die Shrimps- und Fischsaucen weglassen kann, eröffnet sich eine gute vegane Küche, die schnell und einfach zuzubereiten ist. Aaroy! Lecker, lecker.

Spinat-Tofu-Curry

mit rotem Sesamreis, Rote-Bete-Raita und pikantem Kürbis

Für 4 Personen

Roter Sesamreis:
200 g roter Reis
Salz
2 EL Sonnenblumenöl
2 EL weißer Sesam

Spinat-Tofu-Curry:
1 kleine Aubergine
1 Karotte
2 Champignons
2 Tomaten
3 EL Olivenöl
1 TL Cumin (Kreuzkümmel)
1 TL Koriandersamen
Salz
100 g Tofu
400 g frischer Spinat

Pikanter Kürbis:
200 g Muskatkürbis
1 EL Olivenöl
20 g frischer Ingwer
20 g frische Kurkuma
(oder ¼ TL gemahlenes Pulver)
Salz
1 kleine grüne Chilischote
2 EL Agavendicksaft

Rote-Bete-Raita:
100 g Sojajoghurt natur
1 kleine Rote Bete (Rande)
1 TL Cumin
Salz
½ Bund glatte Petersilie

Roter Sesamreis Den Reis gut waschen und abtropfen lassen. Den Reis mit 380 ml Wasser zugedeckt 10 Minuten köcheln lassen. Vom Herd nehmen und weitere 10 Minuten quellen lassen. Den Reis mit einer Gabel auflockern, salzen und das Öl untermischen. Den Sesam in einer beschichteten Pfanne anrösten. Unter den Reis mischen.

Spinat-Tofu-Curry Das Gemüse waschen und die Karotten schälen. Aubergine, Karotte, Pilze und Tomaten in kleine Würfel schneiden. Das Öl erhitzen und das Gemüse anbraten. Cumin und Koriander zugeben, salzen und zugedeckt etwa 5 Minuten garen. Das Gemüse mit einem Pürierstab etwas zerkleinern. Den Tofu würfeln, unterheben und bei kleiner Hitze weitere 10 Minuten garen.
Den Spinat waschen, putzen und unter das heiße Gemüse heben, vom Herd nehmen und den Spinat durch die Hitze des Gemüses garen lassen. Noch einmal mit Salz abschmecken.

Pikanter Kürbis Den Kürbis schälen und in grobe Würfel schneiden. Das Öl in einer Pfanne erhitzen und den Kürbis dazugeben. Den Ingwer und das frische Kurkuma schälen, dazureiben, Salz und 40 ml Wasser beifügen und den Kürbis zugedeckt 6–7 Minuten dünsten. Die Chilischote waschen und mit den Kernen fein schneiden. Chili und Agavendicksaft unter den Kürbis mengen.

Rote-Bete-Raita Den Sojajoghurt in eine Schüssel geben und die geschälte Rote Bete hineinreiben. Mit leicht geröstetem Cumin, Salz und grob geschnittener Petersilie abschmecken und sofort servieren.

Die Farbenpracht veganer Speisen fasziniert. Hinzu kommen verschiedene Konsistenzen wie das pinkfarbene Raita, das kräftig scharfe, orangefarbene Kürbisgemüse, der schöne grüne Spinat mit den hellen Tofustücken, begleitet von einem erdigen roten Reis. Palak Tofu, eigentlich Palak Paneer, Spinat mit Tofu oder mit Frischkäse, ist ein von Mittel- bis Nordindien verbreitetes beliebtes Gericht in einem Land, in dem vegetarische Ernährung selbstverständlicher ist als sonst irgendwo auf der Welt.

Tempeh-Krustenbraten

mit Tamarindensauce und Spinat-Goji-Gemüse

Für 4 Personen

Tempeh-Krustenbraten:
150 g Tempeh
2 EL Speisestärke
1 Bund frischer Koriander
100 g Erdnüsse
Salz

Kartoffelbrei:
500 g mehligkochende Kartoffeln
125 ml Kokosmilch
Salz
¼ TL Muskatnuss, frisch gerieben

Tamarindensauce:
320 g Tamarindenschoten
1 Prise Chili
Salz

Spinat-Goji-Gemüse:
2 EL Gojibeeren
300 g Spinat mit Rosette
2 EL Olivenöl
Salz

Rote-Bete-Salat:
1 große Rote Bete (Rande)
1 EL Olivenöl
1 EL Kürbiskerne
1 EL Agavendicksaft
Salz

Tempeh-Krustenbraten Den Backofen auf 160 Grad vorheizen. Den Tempeh mit Küchenpapier abreiben. Die Speisestärke, den Koriander, die Erdnüsse und 60 ml Wasser zusammen pürieren und kräftig salzen. Den Tempeh mit der Creme umhüllen und in Backpapier einwickeln. Mit der Nahtseite nach unten auf ein Backblech legen. Im vorgeheizten Backofen 40 Minuten backen.

Kartoffelbrei Die Kartoffeln waschen und in der Schale in einem Topf mit kaltem Wasser 40 Minuten gar kochen.

Tamarindensauce Die Tamarindenschoten schälen und mit einem Messer anritzen. Die Früchte zusammen mit 350 ml Wasser und ein wenig Salz 15 Minuten kochen. Die Sauce mit einer kleinen Schöpfkelle durch ein feines Sieb streichen und die Kerne wegwerfen. Mit einer Prise Chili würzen und mit Salz abschmecken.

Spinat-Goji-Gemüse Die Gojibeeren in lauwarmem Wasser einweichen. Den Spinat waschen und die rosa Wurzeln abschneiden. In kochendem Wasser 15 Sekunden blanchieren, in kaltem Wasser abschrecken und abgießen. Den Spinat gut auspressen, grob schneiden und mit Olivenöl, Salz und den abgegossenen Gojibeeren mischen.

Rote-Bete-Salat Die Rote Bete schälen und auf einem Hobel in dünne Scheiben schneiden. Mit Olivenöl, Agavendicksaft und Salz würzen. Die Kürbiskerne in einer beschichteten Pfanne bei mittlerer Hitze rösten, bis sie knacken. In den Salat geben.

Kartoffelbrei fertigstellen Die Kartoffeln abgießen und kurz abschrecken. Die Schale abziehen und die Kartoffeln noch warm stampfen. Die Kokosmilch mit Salz und geriebener Muskatnuss aufkochen und die gestampften Kartoffeln mithilfe eines Schneebesens einrühren.

Anrichten Den Spinat auf einem großen Teller anrichten. Den Krustenbraten im Backpapier mit einem Sägemesser in Scheiben schneiden und auf dem Spinat anrichten. Aus dem Kartoffelbrei mithilfe von 2 Esslöffeln Nocken formen, dazulegen und mit Tamarindensauce abschließen. Den Rote-Bete-Salat in einem kleinen Schüsselchen dazu reichen.

Ich weiß gar nicht, wie man auf die Idee kommen kann, dass veganem Essen durch den Verzicht auf Fleisch, Knochen und Milchprodukte die Saucen fehlen könnten. Die Tamarindensauce ist einfach unglaublich und schaut dazu auch noch aus wie eine Bratensauce. Dieser tropische Krustenbraten ist voller Vitamine, Farben, unterschiedlicher Konsistenzen und Geschmack – Genuss pur.

Desserts und Kuchen

Ananassuppe
mit Biskuit-Sternen

Für 4 Personen

Suppe:
1 Ananas
Saft von 1 Zitrone
2 Msp. Johannisbrotkernmehl
50 ml Kokosmilch
200 ml Kokosnusswasser
oder 200 ml Sojamilch Vanille (Natumi)
6 EL Agavendicksaft
3 Zweige Zitronenmelisse

Teig:
70 g pflanzliche Margarine
120 ml Sojamilch Vanille
50 g Rohrohrzucker
140 g Weizenmehl (Type 550)
oder Dinkelmehl (Type 630)
1 Msp. Natron

Außerdem:
2 EL Puderzucker

Suppe Die Ananas schälen, vier dünne Scheiben Ananas abschneiden und abgedeckt beiseitestellen. Das restliche Fruchtfleisch vierteln, den harten Mittelstrunk herausschneiden und das Fleisch klein schneiden. Ananas, Zitronensaft, Johannisbrotkernmehl, Kokosmilch, Kokosnusswasser und Agavendicksaft im Mixer glatt pürieren. Die Zitronenmelisse in die Suppe geben. Abgedeckt kalt stellen.

Teig Den Backofen auf 160 Grad vorheizen. Für den Teig alle Zutaten bis auf das Natron mit dem Rührgerät zu einem schönen, glatten Teig kneten. Zum Schluss das Natron dazugeben und noch einmal aufschlagen.
Ein Backblech mit Backpapier belegen und leicht mit Margarine einfetten. Den Teig daraufgeben und glatt streichen. Im vorgeheizten Backofen 15 Minuten leicht goldbraun backen. Herausnehmen und auskühlen lassen. Dann die Teigplatte mit Puderzucker bestreuen und mit einem Plätzchenausstecher etwa 5 cm große Sterne ausstechen. Den restlichen Teig einfach naschen.

Anrichten Zum Servieren die Zitronenmelisse aus der Suppe nehmen und die Suppe auf 4 tiefe Teller verteilen. Jeweils eine dünne Scheibe Ananas und ein paar Sterne hineinlegen und sofort servieren.

Mit meiner Schwester Nirava, einer begnadeten Köchin, habe ich im »Zerwirk Restaurant«, bei »Veggy Island« und bei »Piccola Italia« im Catering-Service eng zusammengearbeitet. Meine Schwester machte Desserts, Dekoration und Salate. Ich war für den Einkauf und alle salzigen Dinge verantwortlich. Eines meiner Lieblingsdesserts ist ihre Ananassuppe. So einfach und genial zugleich. Danke, Nirava!

Panna Coco
mit Tamarillos

Für 4 Personen

Panna Coco:
400 ml Kokosmilch
400 ml Sojamilch Vanille (Natumi)
40 g Maisstärke oder 1 Päckchen Vanille-Puddingpulver
3 Msp. Agar-Agar
3 EL Rohrohrzucker (oder nach Geschmack)

Tamarillos:
10 Tamarillos
5 EL Rohrohrzucker
6 EL Agavendicksaft
2 Vanilleschoten
Saft von 1 Zitrone
Saft von 1 Orange

Panna Coco Die Kokosmilch und die Sojamilch mit Maisstärke und Agar-Agar verrühren. Den Zucker zugeben, unter ständigem Rühren zum Kochen bringen und 5 Minuten köcheln lassen.
Mit kaltem Wasser ausgespülte Dariol- oder andere Formen (6 cm groß) mit der Creme füllen und mit Frischhaltefolie bedeckt mindestens 3 Stunden, am besten aber über Nacht in den Kühlschrank stellen.

Tamarillos Die Tamarillos gut waschen, an den Fruchtspitzen längs vierteln, sodass die Früchte noch am Stielansatz zusammenhalten. Die Tamarillos zusammen mit den restlichen Zutaten in einer kleinen Pfanne bei geringer Hitze zugedeckt 10 Minuten gar dünsten, herausnehmen und auskühlen lassen. Das Fruchtfleisch der Tamarillos mit einem Löffel von der Schale lösen, so dass es aber noch am Stielansatz festhält. Die Vanilleschoten längs aufschlitzen, das Mark herauskratzen und in die Sauce rühren. Die Tamarillos wieder in die Sauce geben.

Anrichten Die Creme leicht mit den Fingern vom Rand ablösen und auf Dessertteller stürzen. Die Tamarillos dekorativ darum herum legen und mit der Sauce garnieren.

Panna Coco, ein Klassiker seit der Zeit im »Zerwirk Restaurant« 2002, ähnelt ein bisschen der italienischen Panna cotta, wird aber statt mit Gelatine mit Agar-Agar und Maisstärke hergestellt. Nur mit Agar-Agar gebunden, wird die Konsistenz zu fest. Zu diesem Dessert passt die herbe, karamellfarbene Tamarillosauce. Sie lässt sich variieren: mit Erdbeeren (ungekocht) im Sommer, Brombeeren (kurz angedünstet)im Spätsommer und Orangen-Zimt-Sauce im Winter.

Cashew-Mandel-Tisu

Für 6–8 Stücke

Dunkle Creme (Mandelcreme):
60 g Irisch Moos
60 g Mandeln
60 g Agavendicksaft
25 g Tamarindenpaste
25 g ganze Kakaobohnen

Helle Creme (Cashewcreme):
125 g Irisch Moos
120 g rohe Cashewnüsse
50 g Agavendicksaft
2 Vanilleschoten
40 ml Kokosmilch

Außerdem:
rohes Kakaopulver zum Bestreuen

Dunkle Creme Am Vortag für die beiden Cremen das Irisch Moos gut waschen und über Nacht in kaltem Wasser einweichen. Die Mandeln ebenfalls in kaltem Wasser über Nacht einweichen. Das Irisch Moos gut abtropfen lassen und putzen. Die Mandeln ebenfalls abtropfen lassen. Das Irisch Moos im Cutter glatt pürieren. Die Mandeln, 50 ml Wasser, den Agavendicksaft und die restlichen Zutaten dazugeben und alles glatt pürieren. Die Creme in eine Springform von 20 cm Durchmesser füllen, glatt streichen und in den Kühlschrank stellen.

Helle Creme Die Cashewnüsse in kaltem Wasser über Nacht einweichen. Das Irisch Moos gut abtropfen lassen und putzen. Die Cashewnüsse ebenfalls abtropfen lassen. Das Irisch Moos im Cutter glatt pürieren. Den Agavendicksaft, das Mark der Vanilleschoten, 30 ml Wasser und die Kokosmilch dazugeben und zu einer feinen Creme pürieren. Die Cashewnüsse dazugeben und alles zu einer glatten Creme verarbeiten. Die helle Creme in die Springform auf die dunkle Creme geben und glatt streichen. Mit rohem Kakaopulver bestäuben und über Nacht kalt stellen.

Das Schichtdessert mit einer Teigkarte aus der Form herauslösen und in 6–8 Stücke schneiden.

Dieser Nachtisch ist nur den Farben nach ein Tiramisu, deshalb auch kurz »Tisu« genannt. Tiramisu heißt »zieh mich rauf«, und das kann dieser Nachtisch in der Tat. Die Kakaobohnen geben Power, und das Irisch Moos macht die Creme trotz der hohen Nusskonzentration leicht. Für Menschen, die dem Kristallzucker entsagt haben oder nur leicht gesüßte Desserts mögen, ist dieser Nachtisch genau das Richtige.

Ananas-Mango-Törtchen

mit Pomelo

Für 4 Stück

Teig:
200 g Dinkelmehl (Type 630)
50 g Reismehl
100 g Rohrohrzucker
125 g pflanzliche Margarine (Alsan)

Belag:
½ Ananas
1 große Mango
Saft von ½ Zitrone
20 g Vanillepuddingpulver
3 EL Rohrohrzucker
¼ Pomelo (ca. 200 g Fruchtfleisch)
1 TL Johannisbrotkernmehl

Teig Die Zutaten für den Teig verkneten. Den Backofen auf 180 Grad vorheizen. Vier Tartelletteförmchen (10 cm Durchmesser) mit Backpapier auslegen. Den Teig in 4 gleich große Stücke schneiden, jeweils etwas größer als die Form rund ausrollen, die Förmchen damit auslegen und am Rand andrücken.

Belag Die Ananas schälen, vierteln und den Strunk herausschneiden. Das Fruchtfleisch der Mango vom Stein schneiden und schälen. Ananas und Mango in grobe Würfel schneiden und mit Zitronensaft, Puddingpulver und 2 EL Zucker verrühren.

Fertigstellen Das Obst mit dem Saft auf die vorbereiteten Förmchen verteilen und im vorgeheizten Backofen 25 Minuten goldbraun backen. Herausnehmen und einige Minuten abkühlen lassen. Die Törtchen mit dem Backpapier aus der Form heben und auskühlen lassen.
Die Pomelo schälen und das Fruchtfleisch zwischen den Trennwänden herauslösen. Die Hälfte des Pomelofleischs grob zerpflücken. Den Rest mit 1 EL Zucker und dem Johannisbrotkernmehl fein pürieren. Die Sauce und die Fruchtstückchen auf die ausgekühlten Törtchen verteilen.

Pomelos, diese Riesenzitrusfrüchte, ähneln Grapefruits, sind aber doch sanft im Geschmack. Sie eignen sich für einfache schnelle Törtchen, als Dekoration und für eine leichte, weiche Sauce ohne großen Aufwand.

Apfelstrudel
mit Vanillesauce

Für 1 Strudel

Teig:
150 g Dinkelvollkornmehl
2 EL Kakaopulver
50 g Vollrohrzucker (Sucanat)
50 ml Reismilch
1 EL Sonnenblumenöl

Füllung:
140 g Tofu
2 EL Rohrohrzucker
20 ml Reismilch
½ Päckchen Vanillepudding-pulver (20 g)

4 Äpfel
1 Vanilleschote
Saft von ½ Orange
2 EL Rohrohrzucker
50 g Zedernnüsse
50 g Cranberrys
130 g gemahlene Mandeln

Vanillesauce:
250 ml Sojamilch Vanille (Natumi)
1 EL Vanillepuddingpulver (13 g)
4 EL Rohrohrzucker
1 Vanilleschote, ausgekratztes Mark
200 ml Sojasahne (Cresoy)

Außerdem:
Reismilch zum Bestreichen
Puderzucker zum Bestäuben

Teig Alle Teigzutaten verkneten. Den Teig auf leicht bemehltem Backpapier sehr dünn zu einem Rechteck (40 x 25 cm) ausrollen.

Füllung Den Tofu mit Zucker, Reismilch und Puddingpulver zu einer feinen Creme pürieren.
Die Äpfel schälen, vierteln, entkernen und in feine Scheiben schneiden. Die Vanilleschote längs aufschlitzen und das Mark herauskratzen. Die Äpfel mit dem Vanillemark und den restlichen Zutaten mischen.

Strudel fertigstellen Den Backofen auf 180 Grad vorheizen.
Die Tofucreme auf den ausgerollten Teig streichen und die Apfelfüllung in der Mitte daraufgeben. Den Strudel mithilfe des Backpapiers von der Längsseite her zusammenrollen; die Nahtkante mit etwas Reismilch bestreichen und leicht andrücken. An den Enden ebenfalls zudrücken, damit nichts auslaufen kann. Den Strudel auf ein Backblech legen. Im vorgeheizten Ofen 30–35 Minuten backen. Dabei immer wieder mit Reismilch bepinseln, damit der Strudel einen schönen Glanz bekommt. Herausnehmen und auskühlen lassen.
Mit Puderzucker bestreuen.

Vanillesauce Die Sojamilch mit Puddingpulver, Zucker und Vanillemark verquirlen und aufkochen. Vom Herd nehmen, die Sojasahne beifügen und mit dem Pürierstab kräftig aufschlagen.

Den Strudel mit einem Brotmesser aufschneiden und mit der Vanillesauce servieren.

Eine einfache Art, einen Apfelstrudel mal etwas anders zu machen: Mit einem dunklen Teig und Cranberrys statt Rosinen kann man zeigen, wie sich ein altbekanntes Gericht mit wenigen Eingriffen neu interpretieren lässt, um ein ganz anderes Geschmackserlebnis zu kreieren. Was auf keinen Fall fehlen darf, ist eine schaumige, sämige Vanillesauce. Dieser Nachtisch lässt sich auch gut, in Butterbrotpapier verpackt, auf Ausflüge oder zu Picknicks mitnehmen.

Macadamia-Ahornsirup-Brownies

Für 9 Stück

175 g Weizenmehl (Type 550) oder Dinkelmehl (Type 630)
50 g schwach entöltes Kakaopulver
50 g Palmzucker
300 ml Reismilch
2 TL Backpulver
80 g Macadamianüsse
60 g Ahornsirup
2 EL Sonnenblumenöl für die Form

Den Backofen auf 165 Grad vorheizen. Mehl, Kakaopulver, Zucker, Reismilch und Backpulver verrühren. Die Macadamianüsse unterheben und den Teig in einer geölten quadratischen Backform (20 x 20 cm) gleichmäßig ausstreichen. Im vorgeheizten Backofen 40 Minuten backen. Herausnehmen und leicht auskühlen lassen, dann den Kuchen aus der Form stürzen und wieder umgedreht auf einen großen Servierteller geben. In Stücke schneiden und nach Geschmack portionsweise mit Ahornsirup übergießen. Oder den ganzen Kuchen mit einem Zahnstocher mehrmals leicht einstechen und mit dem Sirup tränken.

In einer veganen Bäckerei in Hawaii, wo ich gearbeitet habe, gab es einen »German Chocolate Cake«, der aus Mehl, Zucker, Mandeln, Backpulver, etwas Sojamilch und – zu meinem Entsetzen – einem Pfund Mayonnaise bestand. Vegane Mayonnaise natürlich, aber trotzdem. Der Kuchen schmeckte wider Erwarten echt gut. Hier, umgekehrt, die Revanche: ein Brownie fettfrei! Er schmeckt so »fudgy und juicy« und ist kaum gesüßt, bis der Ahornsirup drauf kommt.

Chocolate Chip Cookies

Für 20–25 Stück

70 g Kokosfett
90 g Kokosflocken
125 g Dinkelmehl (Type 630) oder Weizenmehl (Type 550)
50 g Rohrohrzucker
75 ml Reismilch
½ Päckchen Backpulver
100 g Zartbitterschokolade

Den Backofen auf 160 Grad vorheizen.
Das Kokosfett 1 Stunde vor der Verwendung aus dem Kühlschrank nehmen.
Alle Zutaten bis auf die Schokolade zu einem weichen Teig schlagen. Die Schokolade grob hacken und unter den Teig heben.
Aus dem Teig mithilfe von zwei Esslöffeln kleine Häufchen auf ein mit Backpapier belegtes Backblech setzen. Dabei einen Abstand von etwa 3 cm lassen, da die Cookies etwas auseinanderlaufen. Im vorgeheizten Ofen 20–25 Minuten goldbraun backen. Herausnehmen und auskühlen lassen.

Chocolate Chip Cookies gehören zu den Klassikern unter den Keksen. Das Besondere an diesem Rezept sind das Kokosfett und die Kokosflocken, was eine ganz andere Knackigkeit ergibt als bei Keksen mit Margarine oder gar Öl. Beim Backen zerlaufen die Kekse etwas. Daher kann man die Masse einfach löffelweise aufs Blech geben, die Keksform entsteht beim Backen von allein.

Mango-Kokos-Kuchen

Für 12 Stücke

30 g getrocknetes Irisch Moos (ergibt eingeweicht 170 g)

Teigboden:
95 g Datteln, entsteint
95 g ganze Mandeln
65 g Cashewnüsse
30 g Kokosflocken
1 Msp. Vanillepulver

Mangocreme:
500 g Mangofruchtfleisch (2–3 frische reife Mangos)
70 g heller Agavendicksaft
Saft von ½ Zitrone
1 TL Sojalecithin
70 ml Kokosöl

Am Vortag das Irisch Moos gut waschen und über Nacht in reichlich kaltem Wasser einweichen. Am folgenden Tag das Irisch Moos abgießen, putzen und gut abtropfen lassen.

Teigboden Die Datteln im Cutter oder Blitzhacker zu einer Paste pürieren. Die Hälfte der Mandeln, der Cashewnüsse und der Kokosflocken fein mahlen. Die Hälfte der Dattelpaste dazugeben und weiter mahlen, bis eine gleichmäßige Masse entstanden ist. Wichtig: Die Masse soll zusammengedrückt eine feste Konsistenz haben. Mit den restlichen Nüssen und Datteln genauso verfahren und alles in einer Schüssel mischen. Das Vanillepulver unterrühren.

Mangocreme Die Mangos schälen, das Fruchtfleisch vom Stein und in Stücke schneiden. Irisch Moos, Agavendicksaft, Zitronensaft und Sojalecithin im Mixer zu einer ganz glatten, feinen Creme pürieren. Das Mangofruchtfleisch dazugeben und ein weiteres Mal fein pürieren. Etwa 120 g der Mangocreme abnehmen und beiseitestellen. Nun das Kokosöl zur verbleibenden Mangocreme in den Mixer geben und gut durchmixen.

Fertigstellen Eine Springform von 26 cm Durchmesser mit Kokosöl ausstreichen. Den Teig leicht zerkrümelt auf dem Boden der Form verteilen. Zuerst einen Rand von 3 cm hochdrücken, dann den Teig auf dem Boden gleichmäßig flach drücken. Die Creme darauf verteilen und zum Schluss die beiseitegestellte Mangosauce daraufgeben. Den Kuchen mindestens 4 Stunden kalt stellen (wenn es schneller gehen soll, 1–2 Stunden in die Tiefkühltruhe stellen).

Zum Servieren mit einer Teigkarte den Kuchen vom Rand der Form lösen. Den Springformring entfernen und den Kuchen mithilfe einer Tortenscheibe vom Springformboden heben. Am besten mit einem angewärmten Messer aufschneiden, damit die Oberfläche nicht zerdrückt wird.

Der beste Mangokuchen ever! Oder ein wundervolles Grundrezept, um allerhand andere Obstkuchen zu machen. Die Zubereitung dauert durch die Wartezeiten etwas länger, aber der reine Arbeitsaufwand ist relativ gering. Der Erwerb von Irisch Moos ist absolut lohnenswert. Die Alge eignet sich für viele Desserts und gibt ihnen eine ganz besonders feine, weiche Konsistenz.

Schokoladenkuchen

Für 12 Stücke

Sonnenblumen-Kokos-Creme:
105 g Irisch Moos
80 g Sonnenblumenkerne
40 g Kokosflocken
50 g Kokosmilch
60 g Agavendicksaft
85 g peruanischer Carob

Teigboden:
110 g Datteln, entsteint
120 g Mandeln
65 g Kokosflocken
30 g Kakaopulver

Schokoladenglasur:
70 g Kokosöl
175 g Ahornsirup
100 g roher Kakao

Sonnenblumen-Kokos-Creme Das Irisch Moos gut waschen und mit reichlich kaltem Wasser über Nacht einweichen. Die Sonnenblumenkerne und Kokosflocken ebenfalls in reichlich Wasser über Nacht einweichen. Am nächsten Tag das Irisch Moos abgießen, putzen und abtropfen lassen. Die Kerne und Kokosflocken ebenfalls abgießen und abtropfen lassen. Irisch Moos, Kerne und Kokosflocken, Kokosmilch und Agavendicksaft in der Küchenmaschine zu einer feinen Creme pürieren. Zum Schluss den Carob einarbeiten.

Teigboden Alle Zutaten (evtl. in zwei Portionen) im Cutter oder Blitzhacker zu einer feinen Paste verarbeiten.
Eine Springform von 26 cm Durchmesser mit Kokosöl ausstreichen und den Teig leicht zerkrümelt auf dem Boden verteilen. Zuerst einen Rand von 3 cm hochdrücken, dann den Teig auf dem Boden gleichmäßig flach drücken. Den Tortenboden mit der Nusscreme bestreichen.

Schokoladenglasur Das Kokosöl, 90 ml Wasser, den Ahornsirup und den Kakao mit dem Pürierstab zu einer feinen Creme verarbeiten. Den Kuchen damit übergießen und die Creme glatt streichen. Der Kuchen über Nacht im Kühlschrank kalt stellen.

Das Pendant zum (rohen) Mango-Kokos-Kuchen (siehe Seite 176). Die Grundbausteine von Irisch Moos und rohem Teig bleiben bestehen, doch die Mango wird durch köstliche, kräftige Kakaobohnen ersetzt. So lässt sich auf der Grundlage desselben Rezepts eine andere Richtung einschlagen, und man entwickelt ein tieferes Verständnis für das Prinzip der rohen Kuchen.

Superfood-Fudgecubes

Für etwa 18 Stück

100 g Agavendicksaft
45 g Palmzucker
60 g rohes Kakaopulver
40 g peruanischer Carob
30 g Maca
25 ml Kokosöl
1 TL Vanillepulver oder Mark einer Vanilleschote
rohes Kakaopulver zum Wälzen

Den Agavendicksaft, 30 ml Wasser und den Palmzucker verrühren, bis sich der Zucker aufgelöst hat. Dann die restlichen Zutaten dazugeben und alles fein pürieren. Die Creme 2 Stunden in den Kühlschrank stellen. Anschließend aus der Masse etwa 18 Bällchen formen, in rohem Kakaopulver wälzen und bis zum Verzehr kalt stellen.

Sogenannte Superfoods finden sich gut verteilt und eher diskret eingesetzt in verschiedenen Rezepten dieses Buches. Hier allerdings eine wahre Superfood-Explosion. Süßigkeiten schmecken fast allen, hinterlassen bei vielen aber ein schlechtes Gewissen und ein schlechtes Körpergefühl. Damit ist mit diesen Leckereien Schluss! Denn sie sind so reich an Geschmack und Inhaltsstoffen, dass nach zwei bis drei Stück der Süßhunger mehr als befriedigt ist.

Pistazien-Eispralinen

Für 7 Stück

40 g Datteln, entsteint
40 g Kokosflocken
40 g rohe Cashewkerne

Glasur:
20 g Palmzucker
30 g Kakaobutter
10 g Kakaopulver
10 g peruanischer Carob
40 rohe Pistazien

Die Datteln im Cutter oder Blitzhacker fein pürieren und die Paste mit Kokosflocken und Cashewkernen verkneten. Aus der Masse mit leicht angefeuchteten Fingern 7 rechteckige Pralinen formen und diese auf Backpapier in den Tiefkühler stellen.

Glasur Den Palmzucker in einer Kaffeemühle oder im Mixer zu Puderzucker mahlen. Die Kakaobutter bei sehr geringer Hitze schmelzen. Den Palmpuderzucker mit dem Kakao und dem Carob mischen und die flüssige Kakaobutter hineinlaufen lassen. Alles gut mischen. Die kalten Pralinen in der noch lauwarmen Schokolade wälzen. Die grob geschnittenen Pistazien über die Pralinen streuen und nochmals auf Backpapier in den Tiefkühler stellen.

Ein supersüßer Snack, der in der Tiefkühltruhe gelagert werden kann und luftdicht verpackt lange haltbar ist. So ist immer etwas bereit, wenn es einen Energieschub braucht. Ich mag Rohkost-Kleinigkeiten, deren Grundmasse beliebig abgewandelt werden kann.

Kakaotrüffel

Für 18 Stück

100 g Agavendicksaft
3 EL Kokosöl
80 g rohes Kakaopulver

Überzug:
120 g rohe Kakaobutter
80 g rohes Kakaopulver

Den Agavendicksaft, das Kokosöl, das Kakaopulver und 3 EL Wasser (30 ml) im Cutter zu einer feinen Paste verarbeiten und auf einem Stück Backpapier rechteckig 2 cm dick ausstreichen. 1 Stunde kalt stellen.

Überzug Die Kakaobutter bei kleinster Hitze schmelzen und das Kakaopulver klümpchenfrei einrühren. Die einzelnen Trüffel in der Kakaobuttercreme wälzen und leicht abgetropft wieder auf das Backpapier legen. Erneut 30 Minuten kalt stellen.

Eine Rohkostpraline von einem meiner Lieblingshersteller, die ich vor einigen Jahren probiert habe, hat mich vom Hocker gerissen. Sie war schlicht perfekt! Geschmack, Schmelz, Konsistenz, Süße, Farbe, sogar Verpackung und Aufmachung, einfach toll. Sie bestand nur aus wenigen Zutaten, und doch wurde daraus etwas ganz Neues und Einzigartiges erschaffen. Aus der Erinnerung und nach Gefühl habe ich die Zutaten zusammengemischt und Bingo! Einfach und schnell sind diese Pralinen herzustellen, und so lecker sind sie!

Gulf
DK2773LA

Maulbeeren

Maca

Rohe Kakaobohnen

Camu-Camu

Acai-Pulver

Lila-Mais-Pulver

Lucuma

Gojibeeren

Chia-Samen

Peruanischer Carob

Superfoods

Maulbeeren

Maulbeeren gehören wie Feigen zu den Maulbeergewächsen. Sie bilden wunderschöne Bäume, die auch bei uns gedeihen. Die Früchte sind cremefarben über rot bis zu schwarz; in getrocknetem Zustand sind sie aber alle sandfarben bis fast durchscheinend. Da sie für den Transport zu weich, zu saftig und auch schnell verderblich sind, kommen Maulbeerfrüchte vor allem getrocknet in den Handel. Ich benutze sie hauptsächlich wie Rosinen oder andere Trockenfrüchte. Sie haben einen sehr sanften, milden Geschmack und süßen Speisen damit sehr sanft.

Maca

Die zur Gattung der Kressen gehörende Pflanze ist in den peruanischen Anden heimisch, wo sie starken Witterungsschwankungen mit hoher Sonneneinstrahlung und starkem Wind, kalten Nächten und heißen Tagen ausgesetzt ist. Das kleine, krautige einjährige Pflänzchen bildet birnenförmige Wurzelknollen aus, die frisch gegessen, aber auch getrocknet und zu Pulver gemahlen werden. Dank seinem hohen Gehalt an Eisen und Aminosäuren soll Maca die Leistungsfähigkeit steigern, ausgleichend und stärkend wirken (einige sprechen auch von einer potenzfördernden Wirkung, die allerdings nicht wissenschaftlich belegt ist). Schmecken tut es angenehm süßlich und nur in zu hoher Konzentration hat es einen starken Eigengeschmack, den ich allerdings sehr gerne mag. Man nehme aber in jedem Fall den Teelöffel zur Dosierung und nicht den Esslöffel.

Rohe Kakaobohnen

Alles, was mit rohem Kakao zu tun hat, eröffnet eine neue Welt der Energiequelle. Die Früchte der Kakaopflanze enthalten viele mit zartem, weißem, süß schmeckendem Fruchtfleisch überzogene Samenkerne. Aus den Samen wird in einem komplizierten Verfahren Kakaomasse, Kakaopulver und Kakaobutter zur Herstellung von Schokolade gewonnen. Man kann sie jedoch auch unfermentiert genießen. Bei der Herstellung konventioneller und auch biologischer Schokolade geht ein großer Teil der fantastischen Bestandteile des Kakaos verloren. Der Geschmack von Rohkakao ist nicht viel anders als der des verarbeiteten Kakaos. Übrigens: Schokolade ist gar nicht ungesund, ganz im Gegenteil, nur die bei der Verarbeitung zugegebenen Stoffe wie Zucker, Milchpulver und ähnliches. Daher sind roher Kakao und rohe Schokolade so unübertroffen.

Camu-Camu

Die im westlichen Amazonasgebiet, vor allem in Peru, heimische Camu-Camu zeichnet sich durch ihren außerordentlich hohen Gehalt an Ascorbinsäure aus: Sie enthält vierzigmal mehr Vitamin C als Orangen. Die kleinen roten Früchte sind zudem sehr reich an Eisen. Bei uns ist Camu-Camu als sehr feines, fluffiges, beiges oder oft auch rosa Pulver erhältlich. Bei mir kommt es als »trockene Zitrone« zum Einsatz: Es verhindert das Anlaufen und Oxidieren von Lebensmitteln, löst sich gut auf, erhält die Farbe und schmeckt zudem lecker. Besonders gut, wenn eine Zubereitung nicht flüssiger und doch vor Oxidation geschützt werden soll. Besonders bei Rohkost-Rezepturen ein praktisches kleines Hilfsmittel. Notfalls ersetzen durch Zitronensaft (Flüssigkeitsmenge beachten).

Acai-Pulver

Als Wundermittel zum Gewichtsverlust – der selbstverständlich nicht wissenschaftlich nachweisbar ist – hat die Acai-Beere letzthin viel Aufsehen erregt. Die Beere, die von einer vor allem im brasilianischen Amazonasgebiet genützten Palmenart stammt, hat aber noch viele andere Tugenden: Sie schmeckt toll, verleiht Getränken eine wunderbare Farbe und gibt ihnen eine zitronige Frische ohne die spitze Säure der Zitrone. Und sie hat tatsächlich einen positiven Effekt auf Gesundheit und Alterung, dient als Zellschutz und Anti-Aging-Mittel. Notfalls durch frische dunkle Beeren ersetzen.

Lila-Mais

Der aus den südamerikanischen Anden stammende Lila-Mais oder Purpur-Mais ist eine Variante des gewöhnlichen Maises, die durch ihre ungewöhnliche dunkellila Farbe und ihre unglaubliche Färbekraft besticht. Der Farbstoff ist dem in Rotwein und in Blaubeeren vorkommenden ähnlich und weist eine sehr hohe Konzentration der heute so beliebten Antioxidantien auf. Roh verarbeitet, indem man das Pulver einfach mit einrührt oder mitmixt, entsteht eine dunkel lilarötliche Färbung. Kocht oder bäckt man das Pulver mit, erhält es eine kakaobräunliche Farbe, aber immer noch mit einem schönen dunklen Lilaton. Farbe und Form eines Lebensmittels sagen nach meinem Gefühl viel über seine Wirkung aus. Da Lila-Mais mich seinem Aussehen nach an rote Blutkörperchen erinnert, benutze ich ihn, wenn ich spüre, dass mein Blut Nahrung braucht.

Lucuma
Die kleine aus dem Hochland der Anden stammende Lucumafrucht sieht äußerlich der Avocado ähnlich, besitzt im Inneren aber ein herrlich orangefarbenes Fruchtfleisch, das einen hohen Gehalt zahlreicher Nährstoffe aufweist. Es wird getrocknet und zu Pulver gemahlen und ist dann beige- oder cremefarben. Der Geschmack ist schwer zu beschreiben, er erinnert mich etwas an Cherimoya, andere sprechen von Ahorn und Süßkartoffel. Ich benutze das Pulver hauptsächlich als Süßungsmittel, das zum Beispiel Drinks süßer macht und wunderbar abrundet. Auch Schokoladen lassen sich damit süßen, allerdings kombiniere ich es dann mit einem zweiten Süßungsmittel, zum Beispiel Agaven- oder einem anderen Dicksaft oder meinem Lieblingspulver, dem peruanischen Carob; denn das Lucumapulver saugt auch Flüssigkeit auf und macht sonst die Schokolade zu trocken und bröselig.

Gojibeeren
Heute als wahres Superfood gepriesen, waren die kleinen roten getrockneten Früchte des Gemeinen Bocksdorns von jeher Bestandteil der chinesischen Küche und der Traditionellen Chinesischen Medizin. Dort gelten sie als Wundermittel für die Augen, kommen bei hohem Blutdruck und Blutzucker zum Einsatz, sollen das Immunsystem auf vielfältige Art unterstützen und vor vorzeitigem Altern schützen. Die Beeren betören mit ihrer einmaligen Farbe, schmecken genial, leicht süß, aber auch etwas herb (wie der Weintrinker sagt, an Rotwein erinnernd) und passen in süße wie auch in salzige Gerichte. Notfalls ersetzen durch Cranberrys, getrocknete Sauerkirschen o.Ä.

Chia-Samen
Zum ersten Mal habe ich von diesen Samen in dem Buch »Born to run« von Christopher McDougall gelesen, ein beeindruckendes Buch über Läufer in Mexiko, die auf ihren Hundert-Meilen-Läufen nicht viel mehr dabei hatten als Chia. Die kleinen schwarzen Samen haben nun auch bei uns im Westen Einzug gehalten und machen dank ihrer außergewöhnlichen Kombination von Omega-3-Fettsäuren, Antioxidantien und vielen Mineralien Furore. Aus kochtechnischer Sicht ist ihre Konsistenz interessant: Gibt man etwas Wasser dazu und lässt sie kurz einweichen, bilden die kleinen Samen einen Schleim und binden ab; etwas Obst dazu, und schon hat man einen leckeren Pudding. Man kann sie aber auch einfach so essen, auf und in Müslis oder in einen Shake geben – die kleinen schwarzen Kernchen ergeben einen tollen Effekt und wie gesagt eine schöne Bindung, wodurch man dann weniger Bananen oder Ähnliches braucht. Eingeweichte Leinsamen wirken ähnlich, ergeben allerdings eine weniger feste Konsistenz.

Peruanischer Carob
Peruanischer Carob ist ein Kakaoersatz ohne die aufputschende Wirkung von Kakao. In den Zeiten als ich ganz streng vegan und zuckerfrei gelebt habe, habe ich auch auf Kaffee und Schokolade verzichtet, doch Carob-Schokolade ohne Zucker habe ich gegessen oder damit heiße »Schokolade« gemacht. So richtig entdeckt habe ich Carob erst mit meinen ersten Rohkostschokoladen-Experimenten. Er schmeckt wunderbar süß, weich, sanft und kakaoartig und findet zum Süßen aller schokoladenhaltigen Zubereitungen Verwendung, wodurch dann weniger Lucuma oder sonstige Süßungsmittel benötigt werden. Gleichzeitig unterstützt und unterstreicht der Carob-Geschmack das Schokoladige aller rohen Schokoladenzubereitungen. Notfalls durch normalen Carob, gesüßt mit Agavendicksaft, oder durch Kakaopulver ersetzen.

Palmzucker
Eine Zuckersorte, die aus Palmen gewonnen wird (Bild Seite 62). Palmzucker wirkt sich weniger stark auf den Insulinspiegel aus als weißer Zucker, ist weniger schädlich für die Zähne und schmeckt herrlich karamellartig. Kann gut durch Vollrohrzucker (Sucanat) oder Rohzucker ersetzt werden.

Acidophilus
Acidophilus ist ein Milchsäurebakterium, das eine günstige Wirkung auf den Darm hat und bei bestimmten Zutaten eine Art Reifeprozess bewirkt. Damit kann etwa aus eingeweichten Nusszubereitungen eine Art Käse hergestellt werden, wobei die schwer verdaulichen Nüsse quasi vorverdaut werden. Das Pulver ist in Kapseln verpackt im Bioladen erhältlich. Einfach die Kapseln öffnen und das Pulver zur Rezeptur geben. Ersatzweise kann man ein paar Tropfen Zitronensaft hinzufügen; das bewirkt dann allerdings keinen Reifungsprozess.

Sojalecithin
Agar-Agar
Irisch Moos
Maisstärke
Johannisbrotkernmehl

Bindemittel

Sojalecithin

Der Emulgator Sojalecithin ist als Zusatzstoff in allen möglichen Schokoladen und industriell hergestellten Süßwaren bekannt. Lecithin verbindet Wasserhaltiges mit Fett, ähnlich wie der Zitronensaft in einer Salatsauce oder Säure in einer Soja-Mayonnaise wirkt. Es emulgiert zum Beispiel selbstgemachte Schokoladen oder Cremes, wo Fettiges mit Flüssigem oder saftig Fruchtigem verbunden werden soll, und das nicht nur für ein paar Minuten, sondern auch beim Aushärten im Kühlschrank; es bindet über lange Zeit und macht temperaturunempfindlicher. Wichtig ist, dass sich das Lecithin ganz auflöst, das heißt, man arbeitet es am besten mit dem Pürierstab ein oder bearbeitet die Masse im Cutter so lange, bis die einzelnen Kügelchen verschwinden und sich ganz auflösen. Auch in Rohkost-Kuchenteige empfiehlt es sich, etwas Lecithin mit einzuarbeiten.

Agar-Agar

Das aus Rotalgen gewonnene Pulver ist die vegane Gelatine schlechthin. Grundsätzlich braucht es zum Binden sehr wenig Agar-Agar; ich mische das Agar-Agar auch gerne mit Maisstärke, da mir eine Bindung mit Agar-Agar allein oft zu steif wird, zu stark geliert und das Resultat dadurch brüchig wird. Agar-Agar benutze ich für schnittfeste Cremes, in Kuchencremes und Desserts. Mit Agar-Agar Gebundenes muss einmal aufgekocht werden, damit es seine Wirkkraft entfaltet und dann bei 70 Grad Celsius zu gelieren beginnt. Eine mit Agar-Agar gebundene Sauce, die nach einigen Stunden durch das Abkühlen zu fest und krümelig geworden ist, kann man einfach wieder auf über 70 Grad erhitzen, sodass sie wieder flüssig wird.

Irisch Moos

Irisch Moos ist sozusagen das Agar-Agar der Rohkost. Es muss möglichst über Nacht eingeweicht, dann sehr gut gewaschen, gesäubert und gespült werden. Dann wird es gemixt, bis es seine Algenstruktur komplett verloren hat und eine feine, schaumige Creme entstanden ist. Mit dieser Creme kann man dann alles Mögliche kalt, ohne zu kochen, gelieren. Dafür muss es nach dem Zusammenmixen der Zutaten noch einige Stunden oder über Nacht im Kühlschrank ruhen. Beim Einkauf sind schön helle und weiche Algen vorzuziehen (auch im Internethandel erhältlich: bei www.balive.org Algen aus Bali oder bei www.goodmood-food.net aus Wildsammlung aus dem Atlantik). Andere Algensorten sind oft knorpelig und gelieren nicht so gut.
Der größte Teil an Irisch Moos gelangt in die Kosmetikindustrie, um Carrageen für Cremes und andere Kosmetika herzustellen.

Maisstärke

Ganz easy, altbekannt und einfach klasse. Mit 40 g Maisstärke bindet man circa 500 ml Flüssigkeit so fest, dass die Masse steht. Da die Bindung mit Maisstärke allein oft etwas dick-cremig wirkt, nehme ich gerne einen kleinen Teelöffel Agar-Agar dazu, der es einen Tick fester macht. Mit zu viel Maisstärke (z. B. 60 g auf 500 ml) wird es ein gummiartiger, undurchdringlicher Klumpen. Maisstärke kann auch gut durch Kartoffelstärke ersetzt werden, die allerdings auf der Zunge und im Mund schleimig wirkt. Beide Bindemittel eignen sich sehr gut für leichte Bindungen, zum Beispiel für Saucen. Wichtig ist bei beiden, dass sie mindestens einmal aufkochen müssen, um die Bindewirkung zu entfalten.

Johannisbrotkernmehl

Ein Klassiker unter den Kaltbindemitteln. Ohne Aufkochen einfach mit einarbeiten, gerne mit dem Pürierstab, da es sonst leicht klumpt. Es dauert dann ungefähr eine Stunde, bis die endgültige Konsistenz erreicht ist. Beim Einrühren ist anfänglich noch keine Bindung zu bemerken. Johannisbrotkernmehl benutze ich gerne für Schokoladencremes, für rohe Saucen zu Hauptgerichten oder für Salatdressings. Es ist ein starkes Bindemittel, das schön cremig anzieht. Zu viel davon wird allerdings hart wie Stein. Daher vorsichtig bzw. sparsam dosieren und lieber erst einmal eine Stunde warten und dann falls nötig nachdosieren.

Bezugsquellen für Superfoods und Bindemittel
www.balive.org/online-shop/
www.raw-living.de
www.goodmood-food.net

Rezeptverzeichnis

(Farbige Rezepte sind gluten- und zuckerfrei.)

Register

Oliver Brachat, Surdham Göb, Julia Michel, Steffi Neff, Martin Gentschow – am letzten Abend nach Abschluss der Buchproduktion.

Autor und Fotograf

Surdham Göb ist ein seit vielen Jahren auf die vegane Küche spezialisierter Kochprofi, der auf 26 Jahre Kocherfahrung zurückgreifen kann. Seine Stationen waren unter anderem in San Francisco, New York und auf Hawaii. Seit sechzehn Jahren Chefkoch in diversen veganen Restaurants, unter anderen im »Zerwirk Restaurant« und zuletzt im »Tushita«, beide in München. Heute selbständig mit seiner Catering-Firma »Surdhams Kitchen«. Er hält Vorträge über vegane Ernährung und nachhaltige Lebensführung und erteilt Kochkurse in München. Surdham Göb lebt in der Nähe von München.
www.surdhamskitchen.com

Oliver Brachat ist gelernter Koch. Ausbildung zum Fotografen und Tätigkeit im Fotostudio Christian Teubner. Heute freischaffender Fotograf. Er arbeitet für Fotoagenturen, Magazine und Kochbuchverlage.
www.oliverbrachat.com